深圳
行业发展报告
2023

陈宪 ——

主编

安泰经管学院
ANTAI COLLEGE
Economics·Management

上海交通大学
行业研究院

  上海交通大学 出版社
SHANGHAI JIAO TONG UNIVERSITY PRESS

上海交通大学行业研究院行研成果丛书

内容提要

本书为上海交通大学深圳行业研究院的第一本年度报告。本书从初始条件、发展阶段和生态系统等方面,对深圳先进制造业、现代服务业、战略性新兴产业和未来产业等行业的发展做了历史性回顾,总结了其主要特征,并分析了深圳行业发展的新态势。以此为基础,本书对深圳的产业结构、产业布局和发展趋势做了概述。本书适合商界、学界和政界致力于行业研究和实践的人士阅读参考。

图书在版编目(CIP)数据

深圳行业发展报告. 2023/ 陈宪主编. -- 上海:
上海交通大学出版社,2024. 8 -- ISBN 978 - 7 - 313 - 30910
- 5

Ⅰ. F269. 276. 53

中国国家版本馆 CIP 数据核字第 2024UT6599 号

深圳行业发展报告 2023
SHENZHEN HANGYE FAZHAN BAOGAO 2023

主　　编:陈　宪

出版发行:上海交通大学出版社　　　　　　　地　　址:上海市番禺路 951 号

邮政编码:200030　　　　　　　　　　　　　电　　话:021 - 64071208

印　　制:苏州市越洋印刷有限公司　　　　　经　　销:全国新华书店

开　　本:710 mm×1000 mm　1/16　　　　印　　张:15.5

字　　数:218 千字

版　　次:2024 年 8 月第 1 版　　　　　　　印　　次:2024 年 8 月第 1 次印刷

书　　号:ISBN 978 - 7 - 313 - 30910 - 5

定　　价:78.00 元

致　谢

本书是上海交通大学行业研究院行业协会与行业发展研究团队研究成果之一,并得到上海交通大学行业研究院资助。

序

　　我于 2018 年 8 月就任上海交通大学安泰经济与管理学院(以下简称安泰经管学院)院长。同年 12 月,上海交通大学行业研究院正式成立。商学院开展行业研究的构想,是我经过长时间思考形成的。我在美国哥伦比亚大学商学院工作 25 年,从助理教授到讲席教授,一路走来,我是商学院学术生态(办学生态、研究生态)的一分子,是一个参与者、体验者。当这个生态中的教授或学生/校友,抑或业界人士,对这个生态脱离现实的现状表达不满时,我常常感同身受。我一直在为回国工作做准备。我经常在想,如果哪天有幸主持一家商学院的工作,我将为改变商学院学术生态做些什么? 于是,就有了行业研究的构想,并将其付诸实践的努力。

　　商学院要做的一篇最重要的文章就是如何把理论和实践紧密地结合起来。这个道理大家都知道,也都一直挂在嘴边,但是做得好的商学院并不多。在这方面,哈佛商学院应该是"马首",它们提倡的案例开发和案例教学,几乎影响了全球每一家商学院。可惜,这个案例发展战略并没有真正影响到商学院的核心工作,即学术研究或知识创造,它的作用主要局限在课堂和人才培养方面。安泰经管学院提出的行业研究战略,旨在从学术研究或知识创造的源头上就开始重视实践的重要性,通过对行业的研究,去发现"真问题",并以此去创造"真理论"。我们希望通过行业研究的探索,在商学院重塑一种理念、一种习惯,建立一种新商学生态。

　　在行业研究院成立大会上,我代表学院提出"纵横交错、知行合一"的发展战略。我们希望,在学科导向的基础上,引入以行业问题为导向的研究范式,打造一个学术研究与行业研究相辅相成、交织互动的新商学生态。几年来,安泰师生、校友和各界人士以他们各自的方式,回应了这个战略。短短几年,我们看到,大量的行业和企业调研,诸多的行业研究成果,并将调研和研究成果与人才培养相结合,开设了系列讲座和多门课程,如行业社群班。行业研究战略正在潜移默化地塑造着学院文化,影响着学院建设的方方面面。

上海交通大学安泰经济与管理学院在深圳的发展,到今年恰好 30 周年。1994 年,安泰经管学院获准在深圳招收工商管理硕士(MBA)。我担任院长后,着手筹划安泰在深圳的进一步发展。由于当时 MBA 项目办学条件较差,办学规模较小,因而主要是考虑调整场地、扩大招生规模。在这个过程中,深圳当地的校友和我们共同认识到,深圳是一个不可多得的开展行业研究的好地方。经过 40 多年的发展,深圳已经是我国经济总量位列第三的超大城市,云集着新兴行业的头部企业、腰部企业,以及数不胜数的初创企业,科技创新与产业创新在这里协同发展,新产品新服务在这里规模化生产,新模式新业态在这里层出不穷。2022 年 8 月,我们在深圳市政府和学校的支持下,创立了深圳行业研究院,将 MBA 办学和行业研究融为一体,开始了打造新商学生态的生动实践。

行业研究介于宏观经济与微观经济之间,其研究成果既可为企业经营投资服务,又有着现实的问政资政价值。陈宪教授多年来关注深圳的创业创新、行业发展。2022 年,他在深圳行业研究院启动了智库产品的研究开发。他的团队主要在做两项工作:一是指数的编制与发布;二是研究报告的调研与撰写。2023 年 11 月,在深圳市科技创新委员会的支持下,陈宪教授团队编制的《全球城市产业创新指数报告》在深圳一年一度的高科技产品交易会期间正式发布。"全球城市产业创新指数"从产业创新环境、产业创新投入、产业创新产出和产业创新效率等 4 个维度设计指标体系;根据产业引领能力、经济规模优势、创新策源功能和辐射溢出效应等 4 个标准,在全球范围选择了 27 座城市,评价它们的产业创新水平。结果显示,深圳以微弱优势超过旧金山,位列榜首。在指数报告中,他们对相关城市产业创新和发展提出了建设性的政策建议。该报告发布后,赢得了较为广泛的社会影响。

现在摆在我们面前的《深圳行业发展报告2023》，是深圳行业研究院规划的年度系列报告的第一本。作为首册，本书从初始条件、发展阶段和生态系统等方面，对深圳行业发展做了历史性的回顾，总结了主要特征，分析了发展的新态势，并对深圳的产业结构、产业布局和发展趋势做了分析。报告主干是分章研究深圳的先进制造业、现代服务业、战略性新兴产业和未来产业。希望我们的系列行业发展报告能够对深圳的产业发展有所帮助，也希望其他地区的产业生态建设能够从深圳的经验中获得一点启发。

我们期待，陈宪教授和他的团队有更多的成果问世，为深圳、大湾区，乃至为国家经济和产业发展作出更多的积极贡献。

是为序。

陈方若

2024 年 6 月

前　言

我关注并研究深圳的创业创新、行业发展,已近 10 年时间。其大背景是中国经济进入创新驱动、转型发展的新阶段。在从事宏观经济教学和研究的过程中,不难发现,创业创新、科技创新和产业创新是现代经济增长的动力来源。我个人与此有关的两件事是:第一,这 10 来年一直在上海交通大学安泰经济与管理学院(以下简称安泰)深圳 MBA 项目讲授"宏观经济分析"课程,同时,经常参加 MBA 招生面试,就有了较多来深圳并接触年轻学子的机会,和他们聊起的话题大多和深圳的创新创业有关。第二,2015 年 5 月,我参加了安泰 EMBA 赴以色列的游学团。通过在以色列特拉维夫大学的课堂教学和实地调研,我直接感受到了以色列创新创业的火热场景。回来后,我写了《以色列创业创新考察记》(《东方早报》,2015 年 6 月 2 日)。与此同时,我看了两本直到今天仍然会向友人推荐的书:①《创业的国度:以色列经济奇迹的启示》(中信出版社,2010 年)。值得一提的是,该书的作者之一索尔·辛格在我们游学期间,专程从耶路撒冷赶来为我们做了一场讲座。②《硅谷生态圈:创新的雨林法则》(机械工业出版社,2015 年)。这两本书对我观察和研究深圳的创业创新和创新生态系统起到了关键作用。

近 10 年来,我聚焦创业创新和产业生态,写了一些有关深圳的文章。2016 年 8 月,我在《东方早报》连续发了 4 篇文章:《"双创"——深圳"优"在包容》《"双创"——深圳"优"在结构》《"双创"——深圳"优"在生态系统》《"双创"——深圳"优"在公共服务》。此后不久,我将在深圳的观察和研究做了一个阶段性小结,在《经济导报》(2016 年 10 月 31 日)上发表了《"创都"——深圳的定位》一文,阐述"双创"的"深圳现象",集中回答深圳到底"优"在哪里? 文中写道:"初步的答案是城市的包容性品格,产业的结构性优势,'双创'的生态系统和政府的公共服务,这些是'双创'深圳优于其他城市之所在。"我还在《为什么深圳将是中国第一个新经济策源地》(《澎湃新闻》,2017 年 3 月 7 日)一文中,较早地提出了"创新策源""新经济策源"的概念。

2016 年秋季学期,我照例去深圳给 MBA 学生上课。那个时候,负责项目的同事会利用老师们来上课的机会,请他们开设讲座。我就在那次上课期间,在"深圳湾名师大讲堂"做了题为《中国经济的希望在"双创"》的讲座。这篇演讲稿在《解放日报》(2017 年 2 月 14 日)发表时,编辑取了文中的一句话,将标题改为《"双创"并非权宜之策,而是转型大计》。很可能是因为这个标题,这篇文章后来被发在中国政府网,而且作为"头条"挂了十余天。也许和这件事有关,在 2017 年 7 月的一个下午,我受邀参加时任总理李克强主持的经济形势专家企业家座谈会,并做了题为《经济企稳、"双创"发力与动能转换》的发言。

他不幸去世后,"帝都高校圈"公众号于 2023 年 11 月 3 日发表纪念文章《李克强:重大科学发现都不是"计划"出来的》,重提这件往事。文中写道:"5 年前的经济形势座谈会上,上海交大安泰经济与管理学院教授陈宪曾向总理提建议:政府应更加注重'双创'生态系统的建设,包括行政管理体制改革、如何更好发挥公共服务作用等。"在 2017 年 7 月 12 日的国务院常务会议上,李克强总理说:"我们要把'双创'推向更大范围、更高层次、更深程度,不能光靠建设众创空间、'双创'基地,而要进一步营造融合、协同、共享的'双创'生态环境,从而实现持续健康发展,增强创业创新实效。"同时,总理语重心长地对与会各部门负责人说:"大家翻翻科学史,人类的重大科学发现都不是'计划'出来的! 必须给科学家创造更多的空间,释放他们更大的活力!"

时隔 6 年多,我现在将座谈会上关于创新生态系统的讨论,向大家做一个简要的介绍。李克强总理在 2014 年夏季达沃斯论坛提出"大众创业、万众创新"后,一度引起一些误解。对此,我认为,总理呼吁"大众创业,万众创新",是表明党中央、国务院推进创新驱动、转型发展的决心,是一个战略层面的部署。但是,创业创新是试错,试错为对的概率很低。因此,问题的关键是提高创业创新的成功率。如何提高成功率?深圳湾和硅谷的经验是一样的,那就是培育优化创新生态系统。总理问道:"你们有关于深圳湾和硅谷创新生态的研究吗?"我告诉总理,我们可以研究整理一个报告。一个多月后,《基于硅谷与深圳湾比较的创新生态系统研究报告》完成并提交。

近两年来,我开始在上海交通大学深圳行业研究院工作,经常去企业和政府调研,又陆续写了几篇相关的文章:《珠三角 VS 长三角:企业主导的创新有着高于其他模式的效率》(《每日经济新闻》,2022 年 12 月 4 日);《企业基础研究投入占全国近半,深圳创新之都不是浪得虚名》(《每日经济新闻》,2022 年 11 月 24 日);《深圳 vs 成都:认清长板、巩固绝对优势是城市发展的真经》(《每日经济新闻》,2022 年 9 月 20 日);《深圳创新模式无法复制但可以学习》(《每日经济新闻》,2023 年 5 月 8 日);《深圳产业创新的特征》(《今日头条》,《陈宪看中国经济》专栏,2023 年 6 月 27 日);《专访:产业创新与科技创新良性互动,催生深圳"新质生产力"》(《21 世纪经济报道》,2023 年 12 月 7 日);《深圳需要补上消费性服务业这块短板》(《每日经济新闻》,2023 年 12 月 20 日);《专访:深圳应把更多科研机构设在企业里,按市场化机制运营》(《21 世纪经济报道》,2024 年 1 月 30 日)。

除了上述文章以外,从 2023 年开始,我在上海交通大学深圳行业研究院做了 2 件事。

一是编制《全球城市产业创新指数》,并在 2023 年第 25 届深圳一年一度的高科技产品交易会期间发布了这个指数报告。"全球城市产业创新指数"从产业创新环境、产业创新投入、产业创新产出和产业创新效率 4 个维度,设计指标体系;根据产业引领能力、经济规模优势、创新策源功能和辐射溢出效应 4 个标准,在全球范围内选择了 27 座城市,评价它们的产业创新水平。结果显示,深圳以微弱优势超过旧金山,位列榜首。在该指数报告中,我们对相关城市的产业创新和发展提出了建设性的政策建议。该报告发布后,赢得了较为广泛的社会影响。

二是组织研究并撰写《深圳行业发展报告 2023》。这是上海交通大学深圳行业研究院年度系列报告的第一本。本报告从初始条件、发展阶段和生态系统等方面,对深圳的行业发展做了历史性回顾,总结了主要特征,分析了发展的新态势,并对深圳的产业结构、产业布局和发展趋势做了分析。报告的主干是分章研究深圳的先进制造业、现代服务业、战略性新兴产业和未来产业。本报告的分工如下:第 1 章由陈宪、李泽辉撰写,第 2 章由李琦、伏开宝撰写,第 3 章由李琦撰写,第 4 章由李琦、何雨霖、张仁贵撰写,第 5 章由李琦撰写,第 6 章由陈宪、张仁贵撰写。

以上是我向大家介绍的过去这些年做的与深圳创业创新、行业发展有关的工作,期待社会各界的朋友们继续关注上海交通大学深圳行业研究院的工作,并不断提出你们的宝贵意见和建议。

2024 年 2 月

目 录

1

总　　论

在开篇,我们研究深圳行业发展的初始条件、发展阶段、生态系统、主要特征和新态势。

1.1　深圳行业发展的初始条件

行业发展是经济发展的重要基础和组成部分。40 多年来,深圳经济奇迹的主要内容就在行业发展,即产业发展。如今,当我们回看深圳行业发展时,不禁要提出一个问题:促成其发展的初始条件,也即必要条件和充分条件是什么? 它们是怎样起作用的?

深圳行业发展的第一个必要条件是特区的建立。1980 年建立特区,深圳有了一个特殊的体制,更接近市场经济的体制,这是行业发展不可多得的条件。深圳行业发展的第二个必要条件是人才。在当时的深圳,人才来自移民,与早年的美国相似。不过,如果不建立特区,人才没有理由到这个地方来。因此,这两个必要条件是有先后关系的。此外,还有两个充分条件——区位与亚文化。它们和两个必要条件一起,共同形成了影响深圳行业发展的基础性条件。这些条件交织作用,产生"化学反应",才有了今天深圳的现代化产业体系。

1.1.1　深圳行业发展的两个必要条件

我们来看看这个"化学反应"的过程。不同于当时的其他三个特区,深圳是在近乎一张"白纸"的情况下建立特区的。同时,深圳的区位条件独特。深圳对面的香港为其带来了较多的发展可能,这在特区建立之初是十分难得的机遇。深圳市场和行业发展较高的自由度、较低的进入门槛,在较短时间内吸引了一批市场主体。这些市场主体在几近"手无寸铁"的情况下,大多先通过香港做转口贸易,赚到了"第一桶金"。此后,他们中的一些既受过良好教育,又具有企业家精神的人,开始创办实业。在进入规模化生产以后,技术研发的必要性和可能性都显现出来了。同样是具有企业家精神的那些人,开始关注并从事技术研发。华为、比亚迪和迈瑞等一批先进的高科技企业的创始人,大抵就是这么走过来的。贸易—工业—技术,简称贸工技,是早年东亚和东南亚一些国家走过的道路,由此形成的模式在深圳又一次"上演"。如果一定要说深圳有什么特别之处的话,那是发生在进入创新驱动阶段以后的事情。

行业发展,人才是必要条件。早年的深圳没有大学,更没有好大学。那么,怎么解释深圳行业发展的人才资源呢?在建立特区后的一个较长时期内,深圳的人才来自移民。按照现在划分劳动和人力资本(人才)的常用标准——平均受教育年限,深圳移民中有相当一部分人的平均受教育年限是高于全社会均值的。也就是说,在深圳开发的早期及后续较长时期,其人才就存在于移民之中。图1表明,深圳每10万人中拥有大学文化程度的人口数量一直在以较高的速度增长,从1982年的811人增长到2020年28 849人,年均复合增长率为9.9%,在我国大城市中名列前茅。这当然和

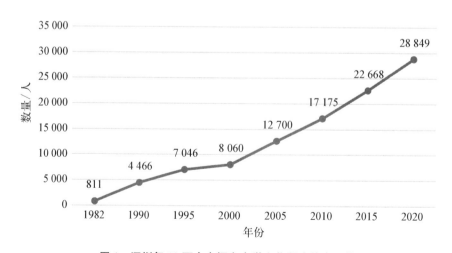

图1 深圳每10万人中拥有大学文化程度的人口数

资料来源:深圳统计年鉴、深圳人口抽样调查公报、深圳人口普查公报等。

深圳存量居民平均受教育水平的整体提升有关,但如果没有移民受教育年限超过存量居民,这个增长率是不可能达到现有水平的。

1.1.2　深圳行业发展的两个充分条件

深圳拥有大量移民,不仅与特区体制有关,还与区位有较大的关系。深圳毗邻国际化大都市香港,背靠珠三角腹地,无论是当年的转口贸易,还是今天的科技创新和科技成果产业化,香港和珠三角其他城市,如广东的东莞、中山和惠州等,都对深圳产生了积极的作用。

广府文化有助于创新创业,在深圳得到了深刻诠释。在一个只有镇级建制的地方搞特区,最需要的就是人。而深圳的特殊体制和优越区位,使一批冒险家、创业者涌入这里。这群人往往是富有企业家精神的人。熊彼特认为,经济增长的动力是创新者——有远见卓识、有组织才能、敢于冒险的企业家。在熊彼特看来,市场经济的主要推动力是源于企业家才能的企业家精神。移民和他们身上特有的自力更生精神在这里汇聚,形成了不可多得的创新文化。他们来到的这个地方,地处珠三角,是岭南文化的亚文化——广府文化覆盖的地域。广府文化是务实、低调的文化。移民带来的创新文化叠加区域特有的务实文化,造就了深圳涌动着的创业创新活力,包容大气的创新生态,以及占比高居中国城市榜首的战略性新兴产业。文化优势深刻地影响着经济活动的投入要素和运行机制,塑造着社会生活中个人与组织的行为。深圳的一些特殊性不可复制,但其创新文化,以及在创新文化中孕育出来的创新生态,在中国的许多城市都呈现出一定的共性,被人们学习和效仿。

特区和人才,区位和文化,两个必要条件,两个充分条件,以及它们的交织作用,创造了深圳行业发展的初始条件。至今,它们仍然深刻地影响着深圳的行业发展乃至经济社会发展。

1.2　深圳行业发展的两个阶段

以创新为标志,深圳建立特区以来的40多年,其行业发展大致可以分为两个阶段。

1.2.1 第一个阶段

从 1980 年到 21 世纪初,深圳开启了贸易—工业—技术(以下简称贸工技)发展历程。早年来深圳的创业者通过香港做转口贸易,赚得第一桶金;数年后,具有企业家精神的创业者开始转向利润更高的加工制造;为了使加工制造能力得以提升,其中的一部分人,如华为、迈瑞公司的创始人,义无反顾地走上技术研发的道路。那个时期的技术研发主要是试验开发研究,大多是根据客户的需求,为了把产品生产出来,做一些必要的技术研发,类似模仿性创新。这个阶段在 21 世纪初逐渐结束,贸工技模式难以支撑深圳向更高水平发展。

就在这个时候,有人撰文《深圳,你被谁抛弃》,道出了深圳遭遇的前所未有的发展瓶颈。其实,一个城市和一个成年人一样,没有谁能够抛弃你,一旦被抛弃了,那很可能是被你自己抛弃了。深圳这个具有独特基因的城市,内生着强大的活力和动力。从这个时候开始,深圳进入了有着自身特色的第二个发展阶段。

1.2.2 第二个阶段

深圳早于其他城市被"逼"上了创新驱动发展的道路,其行业发展进入了第二个阶段。我们现在所看到的深圳,正处于这个阶段的"黄金时期",涌现了一大批科技型企业,形成了颇具自身特色的产业创新模式。现阶段,深圳创新模式和行业发展的内容大致包括三个方面:第一,企业是科技创新的主体,并且出现了大量的科技型企业;第二,科技型企业的创新链延伸到基础研究和应用基础研究,整合了创新链全流程;第三,科技型企业深度涉入应用基础研究,战略性新兴产业和未来产业得以较好较快地发展。

企业真正成为科技创新主体,并且出现了大量的科技型企业。由于初始条件不同,改革开放以来,中国的科技创新是沿着两条路径前行的:其一,科研机构主导的科技创新模式;其二,企业主导的科技创新模式。前者以"大院大所"云集的北京、上海为代表,那里的科技创新需求主要来自政府科技主管部门或"大院大所",先做出成果再寻求转化;后者以深圳为代表,它的科技创新需求主要来自市场,也就是来自企业。早在 2005 年,深圳科技局(现已更名为科技创新局)做过一项调研,结果表明,深圳 97% 的科技公司都是通过需求导向模式开展创新的。此后,深圳崛起了众多各种规模的高科技公司,并且深圳的高科技公司绝大多数是民营企业。深圳已经形成了比较完善的集科技创新与产业创新于一体的创新生态,产生了一批创新和新兴产业集群。以深圳为代表的企业主导的自主创新模式,有着高于其他创新模式的创新效率。2021 年,在反映城市技术创新能力的每万人授权专利数量这一指标上,深圳在 GDP 总量超过 5 000 亿元的 54 个中国城市中位居第一,就是一个明证。从经济学家的观点来看,创新效率决定着创新成果的质量和创新活动的可持续性。

科技型企业形成创新链全流程整合,疏通了从创新到产业化的各个环节。在创新驱动发展的大背景下,越来越多的制造型、服务型企业向科技型企业转型,越来越多的初创企业成功发展为科技型企业,进而实现从生产链主导到创新链主导,并实现创新链全流程整合。科技创新、产业创新要求形成企业主导的组织架构。近几十年来,科技型企业深度涉入基础研究和应用基础研究,并成为趋势性现象。这在很大程度上决定了国家科技创新能力的建设和提升。随着社会经济和科学的发展,基础研究的内涵不断丰富,应用基础研究成为基础研究的一个重要组成部分,是创新链的有机组成部分。科技型企业形成了从基础研究、应用基础研究到开发试验研究,再到产业化的创新链全流程整合。企业从科技创新决策、研究开发投入、科研活动组织、成果产业化的全链条,对战略、资本、项目、平台、数据、人才及政策等关键资源进行系统布局,一体化推进科技创新、产业创新和体制机制创新,形成以企业为主体、产学研有效协同的创新链,并以科技型企业、专精特新企业的创新链解决产业链、供应链的堵点和痛点问题,实现产业链、供应链的补链、强链。以华为、比亚迪为代表的深圳科技型企业,以及一大批专精特新企业,已经或正在形成创新链及其全流程整合,为加快建设现代化产业体系作出自身的贡献。

科技型企业深度涉入基础研究和应用基础研究。根据现行统计制度，研发(R&D)经费分为基础研究、应用研究和开发试验经费。2021 年，深圳市基础研究经费投入达 122.02 亿元，比上年增加 49.13 亿元，排在北京、上海之后，跃居全国大中城市第三位。同年，深圳市基础研究经费增长 67.4%，继上年增长 111.9% 后，连续 2 年保持超高速增长。其中，企业基础研究经费增长 110.8%，比全市基础研究经费增速高 43.4 个百分点，是拉动深圳市基础研究经费高速增长的重要力量。在深圳全部基础研究经费中，企业基础研究经费为 79.84 亿元，占比为 65%，居全国大中城市首位，且为全国企业基础研究经费总量的 47.9%。这一数据夯实了深圳作为我国创新之都的坚实地位。

基础研究指一种不预设任何特定应用或使用目的的试验性或理论性工作，其主要目的是获得已发生现象和可观察事实的基本原理、规律和新知识。应用研究指为获取新知识，达到某一特定的实际目的或目标而开展的初始性研究。应用研究是为了确定基础研究成果的可能用途，或确定实现特定和预定目标的新方法。开发试验研究指利用从科学研究、实际经验中获取的知识和研究过程中产生的其他知识，开发新的产品、工艺或改进现有产品、工艺而进行的系统性研究。时下研发活动的实际表明，上述统计分类和 R&D 经费分类，滞后于科技型企业的生动实践。应用基础研究正在不断适应科技创新和产业创新的快节奏和高频率，以满足战略性新兴产业和未来产业发展的现实需要。为此，有必要将基础研究分为纯科学研究与应用基础研究两个部分。国家科研机构和高等院校承担的基础研究，主要是纯科学部分。科技型企业开展基础研究活动，无疑是受企业自身发展需求的驱动，多具有明确的应用目的，它们所从事的应用基础研究是创新链的有机组成部分。在科技型企业的研究开发活动中，提高应用基础研究的比重，已经成为建设现代化产业体系的题中应有之义。

深圳在全国率先完成并强化企业科技创新的主体地位，基本完成了从传统企业和产业向现代企业和产业的转型，产生了一批科技型企业，它们中的佼佼者成为先进制造业和现代服务业的头部企业或行业领袖。这些科技型企业基本完成了从生产链主导向创新链主导的转型,创新链的构建及其全流程整合,塑造了企业可持续发展的动力。在深圳,科技创新、产业创新与先进制造、现代服务的打通,使产品和服务升级常态化,科技创新和产品制造、服务提供的效率都得以大幅度提升,科技创新和产业发展直接惠及了这座城市和它的居民。从有战略性新兴产业统计以来,其增加值的占比,深圳就一直高居中国城市榜首。近年来,深圳居民人均可支配收入增长显著快于 GDP 增长,都是有力的证明。

在这两个发展阶段中,我们看到了深圳创新模式的形成,与移民文化和广府文化融合的亚文化直接相关。移民自身的冒险精神和渴望成功的欲望,再加上他们带来的极具包容性的多元文化,对于形成创业创新生态,有着难以复制的独特优势。在"一张白纸"上建立特区,就决定了深圳的独特体制和大规模移民的到来。正是移民的到来,才使深圳出现了大量的创新公司、完善的创新生态,乃至独特的创新文化。深圳在这 40 多年取得的成就,尤其是战略性新兴产业的头部企业、行业领袖云集,就是无须再多加解释的证据。

1.3 深圳行业发展的生态系统

1.3.1 创新和产业生态系统的重要性

现代化产业体系形成的过程表明,影响其发展的最为重要的因素是创新和产业生态系统。与行业发展相关的重要因素,如人才、产业链和供应链、营商环境和金融服务等,都可以在创新和产业生态的框架中得到解释。深圳的行业发展与我国其他城市相比,最为显著的差异就在创新和产业生态系统。

生态系统是生态学的概念。借用到创新和产业领域,是指在一定的区域范围内,各个创新主体、创新环节和创新因素之间组成的,相互联系和依赖的生态链。不同要素与行业间创新链和产业链的组合,形成区域创新和产业生态圈。创新生态和产业生态的机理与机制是大致相同的(见图 2)。

它们的主要区别是,在创新生态系统中,主体是初创企业,即从 0 到 1 的企业;在产业生态中,主体是全部企业,主要是科技型企业。

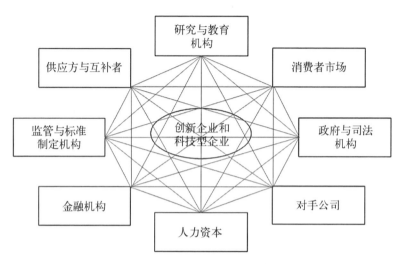

图 2　创新和产业生态系统

资料来源:布朗温·H.霍尔,内森·罗森伯格.创新经济学手册(第一卷)[M].上海市科学学研究所,译.上海:上海交通大学出版社,2017:743.

注:书中第 16 章"技术创新和公司理论:企业层面知识、互补性和动态能力的作用",作者给出了一个"创新生态系统"示意图,并对创新生态做了比较深入的分析。我们将创新生态延伸到产业生态,将此图中的创新企业改为"创新企业和科技型企业",并将图的名称改为"创新和产业生态系统"。

创新和产业生态是一种崭新的创新范式。与此前的机械式、靶向式和精准式创新范式不同,创新和产业生态这种范式具有多样性、开放性、自组织性和动态性的特征。如果将之前的创新范式比作目标明确的"工厂",那么,创新和产业生态这种范式就是众多"物种"杂居,有可能产生新"物种"的"雨林"。在雨林型创新生态中,新的科技创新成果会在一定的概率下产生。创新成功的绝对数既与创新主体有关,也与创新和产业(产业化或量产)生态有关;创新成功的相对数(概率)只与创新和产业生态有关。当创新生态既定时,创新主体的数量越多,且质量越高,则成功的结果就会越多;当创新主体的数量和质量既定时,创新生态的质量就决定着创新成功率的高低。观察结果和数据均表明,人群中风险偏好高、组织才能强、性格特质适合创新创业的人是小众人群,近似于常数。因此,对于创新成功和产业化来说,生态是一个相对更加重要的问题。对于政府和社会有关方面来说,需要更加关注的是创新和产业生态。唯有在好的创新和产业生态中,人们的创新创业意愿才能得以增强,创新创业的成功率才能得到提高,创新成果产业化的数量和质量也才能得到提升。深圳的行业发展能够达到国内最高水平和国际较高水平,与其创新和产业生态息息相关。

1.3.2 硅谷与深圳湾创新和产业生态的比较

硅谷与深圳湾是两种具有代表性的创新和产业生态。我们使用SWOT方法,在比较硅谷(见表1)与深圳湾(见表2)创新和产业生态的基础上,深入分析深圳的创新和产业生态。

表 1 硅谷创新和产业生态 SWOT 分析

内/外因素	有 利 因 素	不 利 因 素
内部因素	优势(S) • 产学研融合:以斯坦福为代表的顶尖名校与产业界高度融合 • 金融体系:全球顶尖的风险资本机构在此集聚,科技金融业发达 • 产业集群效应:在电子信息、生物医药等领域,高科技企业集聚,具有全球竞争力 • 城市文化:创业文化,容错文化,多元的移民文化,对亚文化的包容精神 • 附属于区域的社会资本:由专业投资人、企业家、科学家所形成的社会关系网络	劣势(W) • 相对薄弱的制造业基础 • 日渐高昂的土地、房租成本 • 美国国内相对较高的税率
外部因素	机遇(O) • 不同行业正在跨界融合,硅谷的产业集群和社交网络易于形成行业交叉的新技术、新产品和新业态 • 全球创新网络正在形成,硅谷企业处于网络中的领导地位,可以利用全球的人才资源和创新资源	威胁(T) • 新技术革命导致产业格局面临洗牌,淘汰部分曾经的优势企业 • 高科技制造业的发展,面临供应链完善区域(如东亚的中日韩)的竞争 • 面临全球的低成本创新区、美国国内低税率区域的竞争 • 美国的贸易保护倾向可能威胁硅谷企业的全球布局(包括市场销售、供应链采购)

表 2 深圳湾创新和产业生态 SWOT 分析

内/外因素	有 利 因 素	不 利 因 素
内部因素	优势（S） • 高科技龙头企业集聚：如华为、腾讯等具有国际竞争力的高科技企业集聚 • 产业集群优势：深圳及其周边地区是目前世界上最大的 3C（计算机、通信、消费电子产品）产品制造基地，拥有完善的产品供应链 • 金融体系：已经成为中国南方的金融中心，背靠国际金融中心——香港，为创新创业搭建了金融平台 • 城市文化：改革开放带来的敢为人先的城市精神，移民带来的多元文化碰撞	劣势（W） • 缺少知名的一流大学 • 各类要素成本（主要是土地、人工成本）快速上升 • 市域面积小，发展空间有限
外部因素	机遇（O） • 粤港澳大湾区一体化规划与建设带来资源共享、区域要素优化配置的发展机遇 • 人工智能、新能源、生命科学等领域的技术革命带来新一轮产业洗牌，为后发创新区域带来颠覆领先者的机遇 • 中国市场是全球增量最大的单一市场，而且客户需求不断变化，为创新者带来需求侧的信息刺激和市场空间	威胁（T） • 考虑到深圳的创新龙头企业有较大的出口市场，而且相比硅谷，深圳企业更易受到国外贸易保护主义的威胁 • 产业结构升级如果没有跟上成本的急剧增加，可能会导致产业空心化

作为全球创新生态标杆区域，硅谷的成功是多种因素联动的结果。其中主要是大学和产业园、风险资本、政府的作用、企业家精神，甚至还有战争等政治环境的影响。就本质而言，硅谷独特的创新体系和风险投资是其取得成功的核心要素。

独特的创新体系，首先并集中体现在斯坦福大学开创的硅谷发展模式，即大学—科研—产业三位一体的模式。这一模式要归功于被称为"硅谷先驱"的弗里德里克·特曼（Frederick Terman）教授。他在 20 世纪 20 年代担任斯坦福大学副校长期间，致力于将大学的科研与企业需求结合起来,注重科学的实效性。高技术公司在高质量科技型大学周围兴起是普遍现象。但并不是拥有大学实验室就可以创造高技术公司,而是要有一套机制和中间机构,能进行面向市场的应用研究。特曼促成了斯坦福产业园的建立和发展。这是世界上第一个高技术园区,特曼称它为"斯坦福的秘密武器"。最初建立斯坦福产业园的目的并不是要营利。当年斯坦福大学仅以象征性的价格将部分空间出租给创业公司,是专门为高技术企业服务的。这种低廉的土地租金吸引了不少刚刚创业尚缺乏资金来源的中小企业,如瓦里安、惠普等电子公司。因此,斯坦福产业园逐渐成为斯坦福大学科技人才和硅谷创新企业之间密切合作的中介,渐渐形成了学产一体化的发展模式。斯坦福大学在20世纪五六十年代硅谷的创新行为和新兴产业发展中起了核心作用。

在硅谷的发展过程中,除科技创新的推动外,金融资本的力量也不容忽视。在硅谷,作用最大的金融资本是各种规模的风险投资。与传统投资的明显区别在于,硅谷的风险投资不仅为科技公司提供早期的起步资金,还帮助公司建立相应的团队。也就是说,硅谷的风险投资在某种程度上充当了孵化器的作用。其好处在于保证了公司创始人可以专注于技术创新。一些巨头公司,如苹果、谷歌、甲骨文等都是在风险投资的保驾护航下发展起来的。

在创新生态形成的过程中,区域创新文化也在发展中不断得到丰富,逐步从冒险精神、试错精神、用科技创造财富理念等价值层面向团队精神、信托机制、社会关系网络等契约层面延伸,再从企业家精神内涵不断丰富发展到追求"改变世界"的伟大梦想。

硅谷的迅猛崛起,无疑是旧金山湾区发展的最大推动力。可以说,硅谷把旧金山湾区送上了世界三大湾区之一的宝座,并为旧金山湾区贴上了"科创型湾区"的标签。

深圳湾是香港特别行政区和深圳市之间的一个海湾。这片开放海域有着一块极具生态价值的自然湿地。在这个海湾北侧,11平方公里的深圳高新区及深圳湾科技创新核心园区,是中国新经济的集聚地和策源地。在中国经济转型的深刻推动下,深圳湾将比肩硅谷,成为中国乃至全球创新生态的一个品牌。

在 20 世纪 80 年代,"关内"的边缘地带——南山,出现了以深圳工业区为典型代表、以提供厂房为主要特征的生产型工业园区。此为深圳园区的 1.0 版。转型升级的动力总是首先源于需求。到了 20 世纪 90 年代,以提供研发、办公、生产空间的物业管理和商业等配套服务的园区开始形成。其典型代表是由泰然工业区转型而来的深圳天安数码城。这被称为深圳园区的 2.0 版。大约在 2000 年,出现了提供增值服务的园区,即除了提供研发、办公空间等基础服务外,还提供金融、公共技术、人才、政务等增值服务。这是目前深圳园区的 3.0 版。近年来,有园区通过信息技术平台,提供金融(包括创业投资、股权投资)、人才、政务、商业等增值服务。目前,深圳天安云谷基本达到智慧园区模式的标准,可称为 3.5 版深圳园区。

深圳湾科技发展有限公司(以下简称深圳湾科技)成立于 2013 年 11 月,由深圳市投资控股有限公司(以下简称深投控)全资控股,是深圳市国资系统专注于科技园区开发运营的创新型科技企业。深圳湾科技负责深圳湾科技生态园、深圳市软件产业基地等多个深圳高新区园区项目的开发运营。这些园区是深圳市国资委、深投控"一区多园"战略的核心板块,也是深圳高新区的代表性园区,其主要功能是集聚科创资源、营造创新生态、运营产业生态。园区以产城融合科技综合体为主要形态,园区租售价格仅为市场价格的 7 折左右。园区全部建成后,可动态引进高新技术企业过千家,实现年产值超过 1 500 亿元,将有效缓解深圳产业空间不足和土地成本高等问题,可增强深圳高新技术产业的辐射和带动能力。

深圳湾科技通过在开发模式、产业生态、园区运营和标准体系四方面创新的发展,高质量打造深圳湾核心园区,成为产业生态运营的专业服务平台公司。深圳湾园区将成为真正的 5.0 版世界一流科技园区。深圳湾园区的主要特征是,以产业生态运营为核心的专业服务平台园区,地产属性不再成为园区的核心属性。同时,通过"深圳湾"标准体系建设和"深圳湾"模式复制输出,为深圳建设创新型城市和国际科技、产业创新中心提供有力支撑。

深圳湾是一个弹丸之地,发展空间有限。深圳市国资委和深投控于 2016 年确定了"一区多园"的发展战略,以南山区、高新区内的深圳湾核心园区为标杆,实行标准化、品牌化、规模化发展,复制和输出"深圳湾"品牌,在全市各行政区、国内重点省区市及国外创新高地,按照圈层梯度理念打造"产业综合体"等不同类型的科技园区。在"一区多园"战略中,深圳湾科技承担着核心园区开发建设任务及所有园区的产业运营和品牌输出任务。"一区多园"战略所带来的产业链全环节协同、协作是打造 5.0 版科技园区的产业和企业基础。同时,深投控的科技金融、科技服务、科技产业全链条业务,也将支撑深圳湾科技专注于做强做大园区产业运营。

1.3.3 深圳湾的战略选择

与硅谷相比,深圳湾的发展空间和水平尚有差距。硅谷的创新生态已经处于成熟期,并体现出能够被称为"生态"的根本点——可持续性。处于成长期的深圳湾具有后发优势,但如何在学习中创新,尽快进入可持续发展的良性轨道,则需要不断地探索,既遵循一般规律,又扬长避短,走出具有自身特色的发展道路。

在硅谷与深圳湾 SWOT 分析的基础上,我们简要地提出深圳湾基于SWOT 分析的战略选择(见表3)。我们认为,深圳要充分把握和利用的宏观优势是,中国经济步入创新驱动、转型发展的新阶段,将给深圳的科技创新、新兴产业发展带来无穷的机会;深圳和香港发挥各自的独特优势,同时携手发展高科技产业。我们有理由相信,下一个世界水平的"硅谷"大概率会出现在这里。

表 3　深圳湾基于 SWOT 分析的战略选择

因　素	优势(S)	劣势(W)
机遇(O)	• 中国经济步入创新驱动、转型发展的新阶段,将为深圳带来诸多机遇 • 充分利用"敢闯敢拼"的城市精神,鼓励创业、鼓励颠覆,将创业文化作为城市文化的核心要素之一 • 智能制造、智能硬件、生物大数据等既处于传统优势制造业延伸端,又处于新兴产业萌发端的交叉领域,应受到鼓励发展	• 加强与香港的合作,对接香港的高水平大学和人才资源 • 与东莞、惠州等周边城市加强合作,完善城际交通网络,使需要大量土地的制造工厂乃至研发基地能够落户在深圳周边地区

因　素	优势(S)	劣势(W)
机遇(O)	• 通过营造深圳特有的金融生态,加速产业迭代;成功创业者转型为投资人;反复创业者应成为新金融生态的领军人物	
威胁(T)	• 不能人为排斥制造业,尤其是先进制造业,要素成本的上升部分通过工厂智能化抵消,部分可以分流至大湾区周边地区或中国内陆地区 • 鼓励企业研发基地和新增产能进行全球化布局,充分利用全球资源,在增强企业核心竞争力的同时,抵消贸易壁垒和逆全球化的影响	• 要做到产能分流,又不产生空心化,核心在于深圳的企业要向微笑曲线两端攀升。微笑曲线的一端即产品策划、研发和试制,另一端是供应链、销售和融资管理。这些制造业衍生的"功能",在空间上可以"上楼",不需占用大量土地;在就业人口上可以容纳较多的高薪人士,适应深圳的生活成本上升

　　深圳湾还有一些值得分析的独特优势,如国有企业作为园区运营主体的优势。深投控和深圳湾科技都是国有独资企业。国资国企的双重属性即营利性和公益性,在按照政府产业导向开发和运营园区时,可不同于民营企业的地产盈利模式,以提供优质产业载体空间为目的,以公益性为主。如在南山区政府支持下的高新北区整体更新改造项目即为典型案例,其地产业务不盈利或微盈利。因此,国企的公益属性使深投控和深圳湾科技有获取优质科技园区项目的得天独厚优势,园区专业运营也能充分依托深圳高新技术产业和高新区快速发展的雄厚基础。国有企业的营利属性,又使这两家公司能与园区 2 000 家优质高新技术企业联动共赢,充分发挥产业生态运营的商业价值,建立以产业生态和科技服务为核心的园区运营服务平台,进一步吸引"一区多园"战略所有相关的园区企业,乃至众多的外部园区企业加入平台,使深圳湾科技的运营平台成为真正的企业专业服务大平台。深圳湾科技也将完成从传统园区运营公司到类似阿里巴巴的高科技专业平台公司的蜕变。当然,国有企业如何形成和发挥这一优势,还需要法律和制度的约束。

深圳因为发展历史短,在教育、医疗和文化等方面存在短板。就创新生态系统而言,在深圳湾崛起多所一流大学,尤其是培养创业创新人才的一流大学,是最值得期待的。当下,深圳市政府"两条腿"走路:一方面,进一步加大投入力度,力争将南方科技大学和深圳大学办成培养大量创业创新人才的一流大学;另一方面,与国内外十余所名校合作,创办深圳校区、研究院或分校,在较短时间取得了积极的进步。在后续一个时期,如何充分利用香港高等教育方面的突出优势,在香港的北部都会区、深圳的深圳湾和前海地区,以众创空间、创业园和产业园等形式,与香港的高等院校深度合作,使香港的科研与人才优势与深圳及珠三角其他地区的产业链优势有机结合,转化为产业优势和经济优势,这既是构建粤港澳大湾区的核心优势之所在,又是营建深圳湾创新和产业生态的重点工作之一。

1.4 深圳行业发展的主要特征

与中国其他城市相比,深圳行业发展具有若干较为显著的特征:第一,市场化程度比较高;第二,企业创新程度比较高;第三,创投资本支持程度比较高;第四,引领行业发展的龙头企业(行业领袖)比较多。这些特征的形成与深圳较为独特的创新和产业生态密切相关,与上述深圳行业发展的初始条件,即必要条件和充分条件有关。

1.4.1 市场化程度比较高

深圳的行业发展具有高度市场化、以民营企业为主导的特征,创新成本比其他城市低。试错成本的下降,有效提升了企业的创新动力及创新频次,由此提高了创新的成功率。高度市场化的运营环境,既为深圳行业发展带来了竞争压力,又促进各行业在竞争过程中迭代升级,增强了行业创新能力。深圳行业发展较高的市场化程度有 3 个具体表现。

(1)庞大的商事(市场)主体。《2022 年深圳商事主体登记统计分析报告》显示,截至 2022 年年底,深圳市共有商事主体 3 937 751 户,其中,企业有 2 457 740 户,约占深圳市商事主体总量的 62.41%;个体户有 1 480 011 户,约占深圳市商事主体总量的 37.59％。同期,深圳市新登记商事主体有 446 940 户,其中,新登记的企业有 268 146 户,占比约为 60.00％;新登记的个体户有 178 794 户,占比约为 40.00％。2023 年,深圳国家级高新技术企业数量新增 1 000 家以上,达到 2.4 万家;科技型中小企业突破 2.33 万家。深圳设立科技创新种子基金,投向更早更小的科技项目。深圳市 33 家企业入选 2023 全球独角兽企业榜单,并列全球第六。

专栏 1

2022 年深圳市的商事主体

据《深圳市 2022 年国民经济和社会发展统计公报》,2022 年深圳市总人口达 3 532.36 万人。根据人口估算得出深圳市商事主体相对数(万户/每百万人),具体统计数据如表 4 所示。

表 4　2022 年深圳市商事主体统计表

市场主体类型	期　末　实　有		本　年　新　设	
	相对数(万户/每百万人)	同比增长/％	相对数(万户/每百万人)	同比增长/％
企　业	6.96	1.96	0.76	−17.05
个体户	4.19	6.22	0.51	−2.47
合　计	11.15	3.52	1.27	−11.77

资料来源:深圳市市场监督管理局《2022 年深圳商事主体登记统计分析报告》《2021 年深圳商事主体登记统计分析报告》。

在我国主要城市 2022 年市场主体数量排名中,深圳市市场主体数量排名第一(见表 5)。

(2)独特的创新模式。深圳的创新模式有"6 个 90％"的特点,即全市 90％的研发机构、研发人员、研发投入、发明专利来自企业,90％的企业为本土企业,90％的重大项目由企业承担,形成了以企业为主体、以市场为主导、产学研用深度融合的技术创新体系。

表 5 我国主要城市 2022 年市场主体数量排名表

排 名	城 市	市场主体数量/万户
1	深 圳	393.8
2	成 都	363.9
3	重 庆	341.6
4	上 海	328.4
5	广 州	315.6
6	西 安	289.7
7	苏 州	287.0
8	北 京	236.1

资料来源：各市统计局。

专栏2

企业主导的创新模式

"6 个 90%"，决定了深圳的科技成果绝大部分在企业内部实现产业化，不需要经过专门的成果转化。2005 年，深圳科技局的调研结果表明，深圳的高科技公司(华为、比亚迪、迈瑞等)97% 都是通过需求导向模式开展创新的，极少有通过成果转化方式开展创新的。

(3) 发达的技术交易市场。2021 年，深圳市技术合同成交额达 1 627 亿元，同比增长 57%，创历史新高。

专栏3

深圳市的技术转移及服务机构

2021 年上半年，广东省共认定登记技术合同 19 307 项，成交额达 2 037.50 亿元，同比增长高达 121.13%。其中，深圳市认定登记技术合同 6 064 项,成交额高达 1 111.44 亿元,同比增长 88.68%,约占广东省技术合同成交额的 54.55%,在全省地市技术合同成交额中排名第一。其中,深圳的技术开发合同数量和成交额均高居首位,合同数达 4 364 项,成交额达 666.86 亿元,增长了 46.15%,占全市合同成交总额的 60%;技术转让合同 405 项,成交额大幅增长 241.82%,达 435.51 亿元,占全市合同成交总额的 39.18%;技术服务合同 1 231 项,成交额为 8.33 亿元。

1.4.2 企业创新程度比较高

企业创新程度主要体现在创新投入、专利数量、人才培养及创新载体等方面。近年来,深圳在上述指标上表现出色,均高于全国平均水平。

1) 规模巨大的创新投入

深圳市统计局发布的《2021 年深圳市科技经费投入统计公报》显示,2021 年,深圳全社会 R&D 经费投入为 1 682.16 亿元,同比增长 11.3%,连续 7 年保持两位数增长,总量居北京、上海之后,稳居全国大中城市第三位(见表6)。深圳市 R&D 经费投入强度(R&D 经费占 GDP 的比重)为 5.49%,平均每平方公里拥有超过 10 家国家高新技术企业,总量超过 2.1 万家。同期,高新技术产业的产值达 3.03 万亿元。

表 6　2021 年全国部分城市研发投入排名表

排　名	城　　市	研发投入/亿元	研发强度/%
1	北　京	2 629.30	6.53
2	上　海	1 819.80	4.21
3	深　圳	1 682.16	5.49
4	苏　州	888.70	3.91
5	广　州	881.72	3.12

续 表

排 名	城 市	研发投入/亿元	研发强度/%
6	杭 州	667.00	3.68
7	成 都	631.92	3.17
8	武 汉	621.86	3.51

资料来源：各市统计局。

此外,深圳市发展改革委公布的数据显示,2022 年,深圳市战略性新兴产业(以下简称战新产业)增加值约为 1.3 万亿元,占 GDP 的比重突破 40%。

2021 年,深圳市 R&D 经费投入强度为 5.49%,比上年提高 0.03 个百分点,仅位于北京(6.53%)之后,稳居全国第 2 位。在深圳市全社会 R&D 经费投入中,企业、科研机构、高等院校、其他(主要为三甲医院)4 个执行主体的 R&D 经费分别为 1 582.44 亿元、61.98 亿元、35.20 亿元、2.54 亿元,占全市 R&D 经费的比重分别为 94.0%、3.7%、2.1%、0.2%。与上年相比,深圳企业的 R&D 经费占比提高了 0.8 个百分点。

2021 年,深圳市基础研究经费投入 122.02 亿元,比上年增加 49.13 亿元,位于北京、上海之后,跃居全国大中城市第 3 位。同年,深圳市基础研究经费增长 67.4%,继上年增长 111.9% 后,连续 2 年保持超高速增长。其中,企业基础研究经费增长 110.8%,比全市基础研究经费增速高 43.4 个百分点,是拉动深圳市基础研究经费高速增长的重要力量。在深圳全部基础研究经费中,企业基础研究经费为 79.84 亿元,占比为 65%,居全国大中城市首位,且为全国企业基础研究经费总量的 47.9%。该数据夯实了深圳作为我国创新之都的坚实地位。

2023 年,深圳全社会研发投入达到 1 880.49 亿元,占 GDP 的比重为 5.81%,相较 2021 年提高了 0.32 个百分点。其中,企业研发投入占全社会研发投入的比重达 94.9%,相较 2021 年提高了 0.9 个百分点,位居全国第一。深圳连续 4 年蝉联国家创新型城市全国第一,"深圳—香港—广州"科技创新集群连续 4 年排名全球第二。

2) 专利和国际专利数量均高居全国榜首

2021 年,深圳市专利授权量达 27.92 万件,连续 4 年位居全国榜首;PCT(Patent Cooperation Treaty,《专利合作条约》)国际专利申请量达 1.74 万件,连续 18 年领跑全国。2022 年上半年,深圳知识产权创造数量和质量持续提升,全市专利授权量达 14.48 万件,发明专利授权量达 2.58 万件,商标注册量达 22.05 万件,有效发明专利拥有量达 22.08 万件,核心指标均居全国前列,每万人发明专利拥有量达 124.9 件,约为全国平均水平(21.66件)的 6 倍。2021 年,PCT 国际申请量最多的国家是中国,从申请人排名来看,华为以 6 952 件登顶榜首,并且连续 5 年独占鳌头。除华为外,前 100 名申请人中的深圳企业有平安科技(深圳)(第 11 位)、中兴通讯(第 13 位)、大疆创新(第 20 位)、瑞声声学科技(深圳)(第 29 位)、深圳华星光电(第 33 位)和腾讯科技(第 42 位)。《中国大城强城指数报告 2022》的数据显示,深圳市万人专利授权量达 157.90 件,超越北京(90.93,排名第 9 位)、上海(72.02,排名第 13 位)等城市,位居榜单第一(见表 7)。

表 7　2022 年中国万人专利量排行榜前 10 名

排　　名	城　　市	万人专利授权量/件
1	深圳市	157.90
2	苏州市	144.10
3	无锡市	106.61
4	常州市	103.68
5	杭州市	100.79
6	广州市	100.48
7	佛山市	100.38
8	南京市	97.59
9	北京市	90.93
10	东莞市	89.75

资料来源:《中国大城强城指数报告 2022》。

3) 吸引人才和科技创新的载体不断增加

从过去的新型研发机构(事业单位),到现在的医学科学院(法定机构)等,深圳不断创新和丰富科技创新的载体。截至 2022 年 10 月,深圳已有全职院士 86 人,高层次人才 2.2 万人,留学回国人员超过 19 万人,各类人才总量超过 663 万人。深圳高新区、光明科学城、西丽湖国际科教城、河套深港科技创新合作区串珠成链。全市已开办普通高等学校 14 所(另有一所非全日制高校),已建成包括国家重点实验室在内的各类创新载体超过 3 100 家。

《国际科学、技术和创新的数据和见解——全球 20 个城市的比较研究报告》统计结果显示,深圳科研人才增长速度在全球 20 个城市中处于首位(见表 8)。

表 8　20 个城市中科研人才年度复合增长率排名前 10 位的城市

排　名	城　市	年度复合增长率/%
1	深　圳	34.1
2	上　海	13.0
3	北　京	12.1
4	莫斯科	12.1
5	香　港	9.8
6	首　尔	6.7
7	多伦多	6.5
8	新加坡	6.2
9	伦　敦	6.1
10	大　阪	5.8

资料来源:《国际科学、技术和创新的数据和见解——全球 20 个城市的比较研究报告》。

1.4.3　创投资本支持程度比较高

深圳作为国家经济特区,毗邻香港特别行政区,依托于得天独厚的地理优势及国家的政策扶持,其完善的金融体系及丰富的资金来源保障了各行业创新研发资金的充足性。截至 2021 年年底,在中国证券投资基金业协会登记的股权投资基金管理人城市分布的统计中,深圳登记机构数量为 2 334 家,仅次于北京(见表9)。从各城市数据来看,2021 年股权投资市场新募集基金金额排行,深圳排名第四,募集金额达 1 076.90 亿元(见表 10)。

表 9　2021 年中基协登记股权投资基金管理人城市排名

排　名	城　市	截至 2021 年年底股权投资基金管理人数量/家
1	北　京	2 812
2	深　圳	2 334
3	上　海	2 248
4	杭　州	901
5	广　州	462
6	苏　州	373
7	珠　海	366
8	天　津	346

资料来源:中国证券投资基金业协会。

表 10　2021 年中国股权投资市场新募集基金部分城市排名

排　名	城　市	基金募集金额/亿元
1	无　锡	1 160.61
2	上　海	1 098.65
3	苏　州	1 079.06
4	深　圳	1 076.90
5	青　岛	926.16

排 名	城 市	基金募集金额/亿元
6	南 京	899.37
7	天 津	878.00
8	嘉 兴	841.42

资料来源：清科研究中心。

1.4.4 引领行业发展的龙头企业比较多

行业龙头的经营模式及技术积累为产业创新提供了经验和思路，对整个行业的发展起到了促进作用。深圳作为世界级一线城市，孵化和吸引了一批大型企业，在新兴产业领域，几乎都有相应的龙头企业引领和带动行业发展，而且这些行业领袖大多是民营企业。这也从一个侧面印证了深圳行业发展市场化程度比较高的特征。

专栏 4

《财富》中国 500 强榜单，深圳 33 家企业上榜

2022 年《财富》中国 500 强排行榜显示，深圳有 33 家企业上榜。在前 100 名企业名单中，深圳有 9 家企业上榜，分别为平安（第 4 位）、腾讯（第 21 位）、万科（第 29 位）、招商银行（第 38 位）、比亚迪（第 58 位）、顺丰（第 61 位）、中集集团（第 84 位）、招商局蛇口工业区（第 87 位）和立讯精密（第 90 位）。

除上述进入前 100 名的 9 家企业外，深圳其余的上榜企业为中兴通讯（第 117 位）、深圳华侨城（第 135 位）、金地（第 141 位）、爱施德（第 147 位）、中广核（第 170 位）、中信证券（第 179 位）、华润电力（第 184 位）、怡亚通（第 193 位）、传音控股（第 258 位）、康佳（第 260 位）、中金岭南有色金属（第 283 位）、桑达实业（第 294 位）、海王生物（第 306 位）、欣旺达（第 332 位）、天马微电子（第 379

位)、深圳能源集团(第 382 位)、招商证券(第 405 位)、禹洲集团
(第 426 位)、深圳控股(第 438 位)、迈瑞生物(第 454 位)、国信证
券(第 475 位)、天健(第 486 位)、欧菲光(第 494 位)和华强实业
(第 496 位)。

1.5　深圳行业发展的新态势

在将深圳的行业发展与中国其他城市做比较的同时,我们发现深圳行
业发展正在形成若干新态势。

1.5.1　市场在资源配置中起决定性作用

在比较长三角和珠三角政府与市场对产业发展的作用时,曾经有一种
观点认为,在长三角,市场和政府都比较强;在珠三角,市场比较强,但政府
比较弱。这里的"强"和"弱",就市场而言,是指市场主体和市场机制的发
育水平,发育水平高就是比较"强",反之就是"弱"。就政府而言,较长时期
是指对产业发展的干预,干预程度高就是比较"强",反之就是"弱"。随着
经济体制改革的深化,政府对产业发展的直接干预趋于弱化,而具有专业
化水准的预见能力、协同能力,是体现政府作用的主要方面。在这个意义
上,长三角和珠三角政府与市场对产业发展的作用大致在同一个水平上。

深圳建立经济特区,就是给了深圳建立市场经济体制的准生证。市场
经济的发育和发展,有了众多活跃的市场主体,它们有了自主经营、自主创
新的更大空间。但是,它们都势单力薄,需要外力扶持,尤其在技术研发方
面。同时,即便在特区,政府仍然要在经济活动中发挥作用。过往,讲到政
府作用,人们的习惯思维就是政府的管制和干预。但是,当我们重新审视
深圳发展进程中政府的作用时,不难发现,在扶持和推动创业创新、发展高
科技产业和战略性新兴产业的过程中,深圳政府的作用不是对企业行为的
管制和干预,而是提供实实在在的支持和帮助,切实有效地改善环境、完善

生态,因此,政府的作用基本是正面的、积极的。例如,在深圳行业发展的过程中,政府的两份代表性文件——《关于鼓励科技人员兴办民间科技企业的暂行规定》和《关于进一步扶持高新技术产业发展的若干规定》表明,政府在扶持创业创新、支持高科技产业发展中所起的作用,由此使深圳产生了一批以华为、腾讯、比亚迪为代表的科技型企业,深刻地诠释了"使市场在资源配置中起决定性作用,更好发挥政府作用"这个中国改革、创新和发展的逻辑,也是深圳行业发展的逻辑。

在逆全球化、数字化和中美关系发生变化等多重背景下,政府对产业发展的支持、引导和协同正在发生一些变化,由此对政府在产业发展上的预见性、专业性和协同能力提出了更高的要求。中国的许多城市,尤其像深圳,更好地发挥政府在产业发展方面的作用,既发生了相应的变化,也遇到了较大的挑战。长期以来,国际社会和中国学界对中国政府在产业发展方面的作用是否具有特殊性,有着不同的观点。深圳的实践也许可以在这个问题上给我们一些启发。

在中国,园区似乎成为政府与企业之间的一种介质、一个中间体。就创业创新、新兴产业发展而言,园区成为政府发挥作用的重要载体,如深圳湾科技园区、张江高科技园区。政府作用于市场和市场主体的介质即园区,从而在生态系统中解决人才、营商环境等问题。城市政府对此的作为是多方面的,但集中到一点,就是培育创新和产业生态。我们现在所说的人才、营商环境、金融服务实体经济等问题都可以归结到这一点。

1.5.2 战略性新兴产业表现突出

在进入创新驱动、转型发展的现阶段,深圳在这方面有着可圈可点的表现。在新一代信息技术不断深化,新能源技术、新材料技术和生物技术加速发展的背景下,城市经济发展在很大程度上取决于技术创新成果的培育与产业化,也即产业创新。也就是说,创新不仅仅是科技创新,如果是结果导向,那就是产业创新。在产业生态不断高端化、产业链不断高端化的背景下,产业不断高端化,战略性新兴产业、未来产业得到较快的发展。

专栏 5

深圳战略性新兴产业积厚成势

战略性新兴产业代表了新一轮科技革命和产业变革的方向,是培育发展新动能、获取未来竞争新优势的关键领域。多年来,深圳围绕战略性新兴产业落子布局,不断夯基垒台,积厚成势。2021年,深圳市战略性新兴产业增加值达 1.21 万亿元,占 GDP 的比重达到 39.6%,七大产业均实现了正增长。此外,新型显示器件等 3个产业集群入选首批国家级战略性新兴产业集群发展工程。

特色显、创新强,源于起步早,这是深圳发展战略性新兴产业的主要特点。2009 年,深圳在全国率先规划发展战略性新兴产业,制定了针对生物、新能源、互联网的战略性新兴产业振兴发展规划和政策;2 年后又出台了新材料、文化创意、新一代信息技术产业和节能环保等战略性新兴产业振兴发展规划;为抢占未来科技竞争制高点,从 2013 年起,海洋、航空航天、生命健康、机器人、可穿戴设备和智能装备等被确定为深圳重点发展的未来产业;2018 年,深圳提出围绕新一代信息技术、高端装备制造、绿色低碳、生物医药、数字经济、新材料、海洋经济七大战略性新兴产业,加快形成具有国际竞争力的万亿级和千亿级产业集群。

从数据上看,近 5 年来,战略性新兴产业对深圳经济的驱动作用不断增强,产业发展保持高景气度。据深圳市统计局的数据,2016 年,深圳战略性新兴产业增加值为 7 847.72 亿元,占 GDP 的比重为 40.3%;2019 年,这一指标首次突破万亿元大关,达到10 155.51 亿元,至此已连续 3 年运行在万亿元区间,且拥有华为、腾讯、大疆等一大批创新型企业。深圳已发展成为我国高新技术产业的重要策源地和标杆城市。

资料来源:成色足、特色显、创新强!深圳战略性新兴产业积厚成势[EB/OL].(2022-06-13)[2023-12-12].www.citysz.net/shenzuo/2022/0613/202294133.html.

1.5.3 全球新兴产业和未来产业发展的引领者

深圳是一座年轻且充满活力的城市,它以创新和创业而闻名,正在逐步成为全球新兴产业和未来产业发展的引领者。

深圳以信息经济、生命经济、绿色经济、创意经济和数字经济等为重点,不断增强创新能力,大力培育骨干企业,不断优化产业生态体系,引领产业向高端化、规模化、集群化发展。深圳培育了华为、中兴、腾讯、大疆、云天励飞、奥比中光、优必选、微芯生物等行业领军企业,形成了"雁阵式"全新创新梯队,在全球创新体系中占据一席之地。

深圳正在完善"基础研究+技术攻关+成果产业化+科技金融+人才支撑"的全过程创新生态链,力争在高端软件、人工智能、区块链、大数据、云计算、信息安全等领域实现更多"从0到1"式的原始创新。深圳在前海深港现代服务业合作区、深圳湾科技园、光明科学城等园区打造粤港澳大湾区全面深化改革创新试验平台,建设高水平对外开放门户枢纽。

深圳始终秉持开放和包容的姿态,与粤港澳大湾区其他城市共同打造具有全球影响力的国际科技创新中心,迸发协同创新的更大活力,参与并引领全球新兴产业和未来产业发展。

专栏6

深圳在《全球城市产业创新指数》中位居首位

《全球城市产业创新指数》由上海交通大学深圳行业研究院和上海交通大学中国发展研究院联合编制并组织发布。该指数以全球知名的27个创新型城市为单元,聚焦产业创新,多维度评价城市产业创新,反映和比较城市发展的竞争力和可持续性,深圳排名位居首位,具体表现为"三高一平",即高产出(第1位)、高绩效(第3位)、高环境(第7位),但投入(第14位)较为平稳。指数排名结果显示,深圳、旧金山、北京、纽约和伦敦是全球产业创新能力

最强的 5 座城市,其中,深圳以 39.05 分成为全球城市产业创新指数值最高的城市,在产业创新产出方面表现抢眼,位居全球城市首位(见图 3);创新绩效位居全球第 3 位,创新环境位居全球第 7 位。

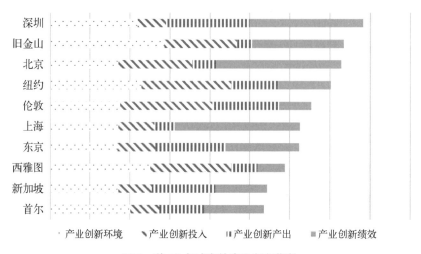

图 3　前 10 名城市的产业创新指数

2

产　业　概　述

《深圳市国民经济和社会发展第十四个五年规划和二〇三五年远景目标纲要》明确提出，巩固壮大实体经济根基，增强产业链根植性和竞争力，前瞻布局战略性新兴产业，培育发展未来产业，提升服务业发展能级，推动先进制造业和现代服务业深度融合发展，构建高端高质高新的现代产业体系，提高经济质量效益和核心竞争力，重塑产业链竞争新优势。

2022年，深圳市政府一号文件《深圳市人民政府关于发展壮大战略性新兴产业集群和培育发展未来产业的意见》明确了发展重点：培育网络与通信、半导体与集成电路、超高清视频显示、智能终端、智能传感器、软件与信息服务、数字创意、现代时尚、工业母机、智能机器人、激光与增材制造、精密仪器设备、新能源、安全节能环保、智能网联汽车、新材料、高端医疗器械、生物医药、大健康、海洋产业等20个战略性新兴产业重点细分领域，以及合成生物、区块链、细胞与基因、空天技术、脑科学与类脑智能、深地深海、可见光通信与光计算、量子信息等8个未来产业重点发展方向。

2.1　深圳产业结构

深圳三次产业结构在调整中不断优化，目前产业结构呈现"三二一"格局。伴随着经济发展转向高质量发展阶段，产业结构将进一步转型升级，在新一代科技与产业变革、创新驱动发展、"碳达峰、碳中和"目标硬约束等背景下，工业创新发展能力大幅提升，高端发展态势逐步显现，绿色发展水平迈上新台阶。2022 年,深圳再一次喊出"工业立市、制造强市"的口号,以制造业为代表的实体经济重回深圳城市发展的首位,第二产业的比重回升。

2.1.1 三次产业增加值结构

2022 年,深圳地区生产总值达 32 387.68 亿元,一、二、三次产业的比重分别为 0.1%、38.3% 和 61.6%。2013—2022 年的统计数据显示,深圳地区生产总值的年均增长率约为 8.7%,且产业结构呈现明显的高度化特征,即第二产业的比重总体呈下降趋势,第三产业的比重呈上升趋势(见表 11 和图 4)。其原因是在产业转型升级和居民消费品质升级等背景下,服务业在经济发展中的主导性凸显。

表 11　深圳市 2013—2022 年地区生产总值统计表

年　份	GDP/亿元	第一产业/%	第二产业/%	第三产业/%
2013	15 234.24	0.0	43.7	56.2
2014	16 795.35	0.0	43.1	56.9
2015	18 436.84	0.0	41.7	58.3
2016	20 685.74	0.0	40.2	59.7
2017	23 280.27	0.1	40.1	59.8
2018	25 266.08	0.1	39.6	60.3
2019	26 992.33	0.1	38.5	61.4
2020	27 759.02	0.1	37.4	62.5
2021	30 664.85	0.1	37.0	62.9
2022	32 387.68	0.1	38.3	61.6

资料来源:《深圳统计年鉴 2022》。

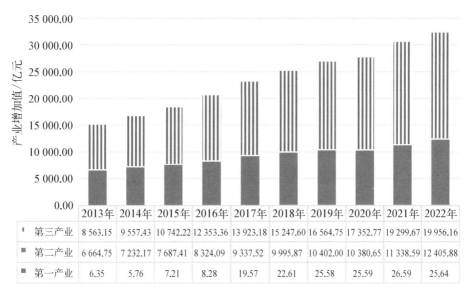

	2013年	2014年	2015年	2016年	2017年	2018年	2019年	2020年	2021年	2022年
第三产业	8 563.15	9 557.43	10 742.22	12 353.36	13 923.18	15 247.60	16 564.75	17 352.77	19 299.67	19 956.16
第二产业	6 664.75	7 232.17	7 687.41	8 324.09	9 337.52	9 995.87	10 402.00	10 380.65	11 338.59	12 405.88
第一产业	6.35	5.76	7.21	8.28	19.57	22.61	25.58	25.59	26.59	25.64

图 4　2013—2022 年深圳产业结构变化趋势

2.1.2　产业结构调整优化升级

2014 年,习近平总书记提出中国经济发展的新常态,从高速增长转向中高速增长,经济结构优化升级,从要素驱动、投资驱动转向创新驱动,是新常态的基本内涵。

在产业结构调整方面,深圳依然走在前列。深圳的外贸依存度不断下降,出口依存度与进口依存度的差距不断缩小,已悄然实现了经济发展动力的内生转变。这主要表现在两个方面:一是深圳经济增长更加依赖内需,牢牢握住了经济增长的主动权。2022 年,深圳净出口额占 GDP 的比重已由 2008 年的 52%降至 2022 年的 22%。二是对外贸易的科技含量越来越高。由图 5 可知,深圳高新技术产品进出口总额占进出口总额的比重不断上升,2022 年的比重在 55.5%左右,贸易结构得到显著改善。高新技术产品出口比重总体呈上升趋势,2009 年、2015 年 2 次达到高点,接近80%左右。近几年,面临全球产业布局调整、产业链条重构、产业升级加快、产业竞争加剧的严峻形势,深圳高新技术产品的出口比重 3 年平均为65%,深圳创造依然拥有全球竞争力。

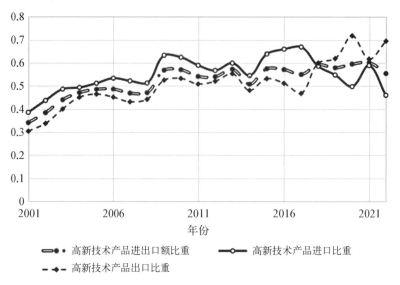

图 5　2001—2022 年深圳高新技术产品进出口比重变化

2.1.3　地区生产总值分区结构

深圳各区的产业基础、地理区位、资源优势等存在差异,其产业发展各具特色。南山区围绕"总部研发＋高端制造"战略,福田区突出科创、金融、时尚三大产业,龙岗区是深圳市的工业大区和产业强区,宝安区是深圳的产业大区、出口大区和制造业强区,龙华区以"数字龙华、都市核心"为发展定位,罗湖区以金融业、商贸业、商务服务业为支柱产业。2022 年,深圳地区生产总值达 32 387.68 亿元,从各区 GDP 所占的比重来看,位居前 6 位的分别是南山区(24.8%)、福田区(17.0%)、龙岗区(14.7%)、宝安区(14.5%)、龙华区(9.1%)和罗湖区(8.1%),其余 5 个区的 GDP 所占比重均不足 5.0%;排名前 6 位的南山区、福田区、龙岗区、宝安区、龙华区和罗湖区所占的比重共约 88.2%,如表 12 和图 6 所示。

2013—2022 年的统计数据显示,福田区、罗湖区地区生产总值占深圳地区生产总值的比重总体呈现下降趋势,南山区所占的比重总体呈上升趋势,宝安区、龙岗区、龙华区所占的比重基本稳定,如表 12 和图 7 所示。

表 12 深圳市 2013—2022 年分区地区生产总值所占的比重统计表

年份	福田区/%	罗湖区/%	盐田区/%	南山区/%	宝安区/%	龙岗区/%	龙华区/%	坪山区/%	光明区/%	大鹏新区/%	深汕特别合作区/%
2013	18.6	10.3	2.8	22.1	14.0	14.8	9.0	2.7	4.0	1.7	0.0
2014	18.5	10.2	2.8	21.6	14.8	14.5	9.4	2.6	4.0	1.6	0.0
2015	18.6	9.9	2.8	21.2	15.1	15.1	9.3	2.6	3.8	1.6	0.0
2016	18.3	10.1	2.8	19.7	15.4	16.3	9.5	2.6	3.7	1.6	0.0
2017	17.0	9.6	2.6	20.5	15.4	17.2	9.5	2.7	3.8	1.5	0.2
2018	16.6	9.3	2.5	20.7	14.9	17.7	9.9	2.9	3.8	1.4	0.2
2019	16.9	8.9	2.4	22.7	14.3	17.4	9.3	2.8	3.8	1.3	0.2
2020	17.2	8.6	2.4	23.5	13.9	17.1	9.0	2.9	4.0	1.2	0.2
2021	17.3	8.4	2.5	24.9	14.4	14.7	9.2	3.0	4.2	1.2	0.2
2022	17.0	8.1	2.5	24.8	14.5	14.7	9.1	3.3	4.4	1.2	0.3

资料来源：深圳市 2013—2022 年国民经济和社会发展统计公报。

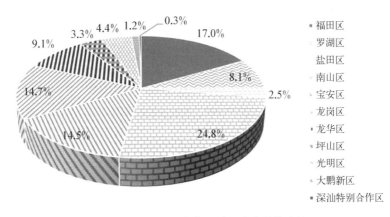

图 6 2022 年深圳市各区地区生产总值占比

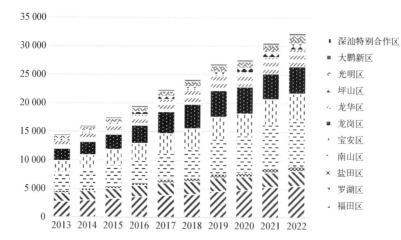

图 7 深圳市各区地区生产总值结构变化趋势

2.2 深圳产业布局

2.2.1 各区产业发展方向

深圳作为我国改革开放的重要窗口,靠着"敢闯敢试"激发了创新活力,靠着"敢为人先"创造了"中国奇迹"。深圳的产业发展史,是一部顺应经济发展规律、融入全球产业分工体系、不断进行产业转型升级的历史。产业升级与创新发展为深圳经济繁荣提供了源源不断的活力,今天的深圳已成为以高新技术产业为支撑的创新型城市,诞生了华为、比亚迪等一大批世界级高科技企业。深圳各区的产业发展以先进制造业、现代服务业和战略性新兴产业为主导,同时基于各区的产业基础、地理区位、资源优势等差异,各区的产业发展方向各具特色(见表 13)。

表 13 深圳市各区产业发展方向统计表

区　名	产业功能定位	主导产业
福田区	**目标定位:**世界级湾区现代产业引领区 **发展重点:**一是大力发展总部经济产业;二是巩固发展支柱产业(科创产业、金融产业、时尚产业);三是开拓发展跨	现代服务业

区　名	产业功能定位	主导产业
福田区	界及新兴产业("智能＋"产业、"金融＋"产业、"健康＋"产业、"绿色＋"产业);四是提升发展战略支撑产业(专业服务业、都市消费产业、商贸会展产业)	
罗湖区	**目标定位**:创新驱动型未来都市产业体系 **重点任务**:一是大力发展新兴产业(软件信息产业集群、智能终端产业集群、新材料产业集群、安全节能环保产业集群、大健康产业集群、数字创意产业集群、现代时尚产业集群、区块链产业);二是做大做强优势产业(金融业、营利性服务业、商贸流通业);三是加快培育时尚创意产业(黄金珠宝产业、文化创意产业)	现代服务业
盐田区	**发展目标**:构建"3＋3＋2"现代产业体系 **重点任务**:结合新兴产业基础和高端服务需求,形成高端航运服务、黄金珠宝、全域旅游三大传统优势产业,全力布局生命健康、海洋新兴产业、人工智能与数字经济三大战略性新兴产业,加快发展总部经济、特色金融两大高端服务业态	现代服务业
南山区	**发展方向**:发展创新型现代产业体系 **发展重点**:以战略性新兴产业和现代服务业为重点 **发展任务**:一是夯实实体经济基础(大力发展智能制造,推动先进制造业和现代服务业深度融合发展,强化企业梯队培育,保障制造业发展空间);二是打造新兴产业集群(人工智能产业集群、生物医药产业集群、数字经济产业集群、海洋科技产业集群、持续布局新兴领域);三是提升现代服务业发展能级(打造总部集聚地,建设创新金融中心,打造国际航运中心,打造活力消费中心,加快发展专业服务业)	战略性 新兴产业 现代服务业
宝安区	**发展目标**:构建"1＋2＋6"现代产业体系 **重点方向**:构建以信息通信技术产业为主导,智能制造和高端服务为优势,数字经济、会展经济、海洋经济、临空经济、总部经济和文旅经济为特色的"1＋2＋6"现代产业体系	先进制造业 现代服务业
龙岗区	**发展方向**:构建具有国际竞争力的制造业、服务业深度融合的现代产业体系 **发展任务**:一是打造世界级电子信息产业发展高地;二是建设战略性新兴产业发展引领区(生物医药、高端装备、绿色低碳、新材料);三是创建数字经济创新发展试验区;四是建设东部服务经济中心城区(国际物流、科技金融、专业服务)	先进制造业

区　名	产业功能定位	主导产业
龙华区	**发展目标**：构建高质量现代产业体系 **发展方向**：以智能制造为主攻方向,提升产业基础高级化、产业链现代化水平,实施产业跨界融合示范工程,巩固传统产业优势,前瞻性布局战略性新兴产业,培育发展未来产业,实现现代服务业赶超破局 **发展任务**：一是推进产业基础高级化和产业链现代化;二是厚植制造业发展新优势、新动能(电子信息、生物医药、高端装备、时尚制造、未来产业);三是实现现代服务业赶超破局(专业服务业、现代金融业、现代物流业、现代商贸业)	先进制造业 现代服务业
坪山区	**发展目标**：打造面向未来的先进制造业发展高地 **发展方向**：构建以新能源汽车和智能网联、生物医药、新一代信息技术为主导,以现代服务业为支撑,以未来产业赛道为前瞻布局的现代产业体系 **发展任务**：一是打造国际一流的新能源汽车和智能网联产业集聚区;二是打造面向全球的生物医药科技产业城;三是打造国内领先的新一代信息技术产业高地;四是培育具有爆发式增长潜力的未来产业赛道;五是构建与先进制造业深度融合发展的现代服务业体系(科技金融、科技服务、"保税＋"产业、现代物流业)	先进制造业
光明区	**发展目标**：打造科技引领型现代产业体系 **发展方向**：探索以科研经济为引领的产业发展新模式,构建以智能产业、新材料产业、生命科学产业为主导的现代产业体系,提升先进制造业和现代服务业发展能级 **发展任务**：一是构筑新兴主导产业核心竞争力(智能产业、新材料产业、生命科学产业);二是提升现代服务业发展能级(科技服务业、创意文化产业、全域旅游产业、商贸流通业);三是加快推动制造业转型升级(促进制造业数字化、网络化、智能化,加速优势传统产业品牌化、高端化,推进先进制造业和现代服务业深度融合)	先进制造业
大鹏新区	**发展目标**：加快建设世界级滨海生态旅游度假区和全球海洋中心城市集中承载区 **发展方向**：构建彰显特色的蓝绿交融的现代化高端产业体系 **发展任务**：一是加速建设全球海洋中心城市集中承载区(国家海洋经济高质量发展战略高地、面向未来的海洋科技创新高地、世界级活力海岸带、构建海洋命运共同体);二是高水平打造世界级滨海生态旅游度假区(推动旅游业	战略性 新兴产业

区　名	产业功能定位	主导产业
大鹏新区	全域发展,打造全季型旅游目的地,发展多元化全龄全业态旅游);三是着力创建生命健康创新发展示范试验区(加快生物产业创新发展步伐,加快发展坝光国际生物谷精准医疗先锋区,构筑世界一流的食品科技创新中心,打造生命健康先行先试政策高地)	
深汕特别合作区	**发展目标:** 建立"6+4"现代产业体系 **重点任务:** 一是构建"一体两翼"产业格局(深汕智造城、高端机器人集聚区、滨海经济拓展带);二是打造六大产业集群(智能网联汽车产业、智能机器人产业、新能源产业、节能环保产业、新材料产业、海洋产业);三是构建现代服务业支撑体系(商贸流通业、科技服务业、金融服务业、现代旅游业)	战略性新兴产业现代服务业

资料来源:《深圳市福田区现代产业体系中长期发展规划(2017—2035年)(2021年修订版)》《罗湖区产业发展"十四五"规划》《盐田区产业发展第十四个五年规划》《深圳市南山区国民经济和社会发展第十四个五年规划和二○三五年远景目标纲要》《深圳市宝安区国民经济和社会发展第十四个五年规划和二○三五年远景目标纲要》《深圳市龙岗区国民经济和社会发展第十四个五年规划和二○三五年远景目标纲要》《深圳市龙华区国民经济和社会发展第十四个五年规划和二○三五年远景目标纲要》《深圳市坪山区国民经济和社会发展第十四个五年规划和二○三五年远景目标纲要》《深圳市光明区国民经济和社会发展第十四个五年规划和二○三五年远景目标纲要》《深圳市大鹏新区国民经济和社会发展第十四个五年规划和二○三五年远景目标纲要》《深圳市深汕特别合作区国民经济和社会发展第十四个五年规划和二○三五年远景目标纲要》。

2.2.2　各区产业发展趋势

从深圳各区的产业结构来看,福田区、罗湖区和盐田区以服务业为主,其第三产业占比分别为90.8%、94.1%和81.5%;南山区作为深圳科技创新高地,以现代服务业为主,且布局了战略性新兴产业,其第二、第三产业的比重分别为30.6%和69.4%;深汕特别合作区打造以新能源汽车产业为主导支撑,以新能源储能产业、新材料产业、智能制造机器人产业为配套的"一主三辅"产业集群布局,其一、二、三次产业的比重分别为17.0%、44.4%和38.6%;宝安区、龙岗区、龙华区、坪山区、光明区和大鹏新区均以制造业为主,其第二产业的占比分别为50.4%、68.1%、50.6%、69.9%、71.3%和56.6%(见表14和图8)。

表 14　2022 年深圳各区产业结构数据表

区　域	GDP/亿元	第一产业/%	第二产业/%	第三产业/%
福田区	5 514.49	0.0	9.1	90.8
罗湖区	2 630.19	0.0	5.9	94.1
盐田区	820.62	0.0	18.5	81.5
南山区	8 035.88	0.0	30.6	69.4
宝安区	4 701.61	0.0	50.4	49.5
龙岗区	4 759.06	0.0	68.1	31.8
龙华区	2 951.67	0.0	50.6	49.4
坪山区	1 079.64	0.1	69.9	30.0
光明区	1 427.10	0.2	71.3	28.6
大鹏新区	383.16	0.3	56.6	43.1
深汕特别合作区	84.25	17.0	44.4	38.6

资料来源:《深圳市 2022 年国民经济和社会发展统计公报》。

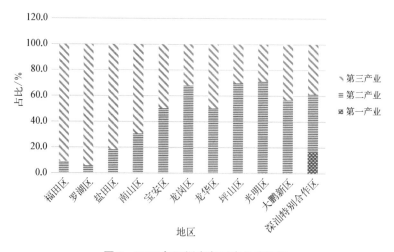

图 8　2022 年深圳市各区产业结构图

资料来源:《深圳市 2022 年国民经济和社会发展统计公报》。

从深圳第二产业分布情况来看,2022 年位居前 4 位的分别是龙岗区(26.1%)、南山区(19.8%)、宝安区(19.1%)和龙华区(12.0%),龙岗区、南山区、宝安区和龙华区所占的比重合计约为77%,其余各区第二产业占全市第二产业的比重均低于10.0%(见图9)。2013—2022年的统计数据显示,南山区第二产业增加值占深圳第二产业增加值的比重呈下降趋势,原因是南山区大力实施"总部研发+高端制造"战略,构建创新型现代化产业体系,其第三产业占比不断提高;宝安区和龙岗区第二产业增加值占深圳第二产业增加值的比重呈现上升趋势,主要是宝安、龙岗区分别是深圳的制造业强区、工业大区及产业强区,其第二产业占比不断提高(见表15和图10)。

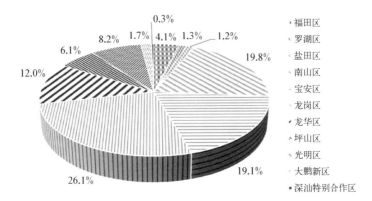

图9　2022年深圳市第二产业分区结构图

表15　深圳市2013—2022年第二产业分区统计表

年份	福田区/%	罗湖区/%	盐田区/%	南山区/%	宝安区/%	龙岗区/%	龙华区/%	坪山区/%	光明区/%	大鹏新区/%	深汕特别合作区/%
2013	3.2	1.7	1.3	29.8	16.2	21.8	12.7	4.3	6.5	2.5	—
2014	3.0	1.9	1.2	28.7	17.6	21.3	13.4	4.2	6.3	2.4	
2015	3.0	1.1	1.1	27.6	18.3	23.1	13.2	4.2	6.0	2.3	—
2016	2.9	1.0	1.1	22.9	19.4	26.6	13.5	4.4	6.0	2.3	—
2017	2.3	0.8	0.9	22.1	19.4	28.2	13.3	4.7	6.0	2.1	0.3

续　表

年份	福田区/%	罗湖区/%	盐田区/%	南山区/%	宝安区/%	龙岗区/%	龙华区/%	坪山区/%	光明区/%	大鹏新区/%	深汕特别合作区/%
2018	2.4	0.8	0.9	20.5	18.5	29.9	14.4	4.5	5.9	1.9	0.3
2019	3.7	1.6	0.8	19.5	17.7	32.0	11.4	4.5	6.6	2.0	0.1
2020	3.3	1.4	0.8	19.1	17.8	32.0	11.5	4.9	7.1	1.9	0.2
2021	4.2	1.6	1.1	19.3	19.7	26.3	12.8	5.2	7.7	1.9	0.2
2022	4.1	1.3	1.2	19.8	19.1	26.1	12.0	6.1	8.2	1.7	0.3

资料来源：深圳市 2013—2022 年国民经济和社会发展统计公报。

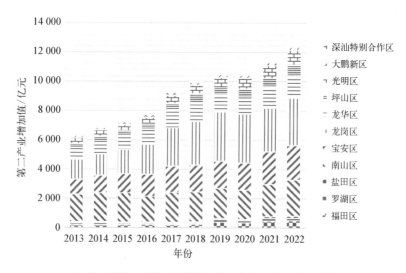

图 10　2013—2022 年深圳市第二产业各区分布变化图

从深圳第三产业分布情况来看，2022 年位居前 4 位的分别是南山区（27.9%）、福田区（25.1%）、罗湖区（12.4%）和宝安（11.7%），其余各区第三产业所占的比重均低于 10.0%（见图 11），福田区、南山区、宝安区和罗湖区所占的比重合计约为 77.1%。2013—2022 年的统计数据显示，福田区、宝安区和罗湖区第三产业增加值占深圳第三产业增加值的比重均呈下降趋势，但南山区第三产业增加值所占的比重快速提升，原因是南山区大力实施"总部研发＋高端制造"战略,构建创新型现代化产业体系,推动第三产业占比不断提高(见表16和图12)。

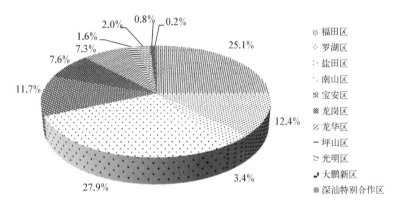

图11　2022年深圳市第三产业分区结构图

表16　深圳市2013—2022年第三产业分区统计表

年份	福田区/%	罗湖区/%	盐田区/%	南山区/%	宝安区/%	龙岗区/%	龙华区/%	坪山区/%	光明区/%	大鹏新区/%	深汕特别合作区/%
2013	30.5	16.8	4.0	16.2	12.4	9.4	6.2	1.4	2.1	1.1	0.0
2014	30.0	16.3	4.0	16.4	12.7	9.5	6.3	1.5	2.2	1.1	0.0
2015	29.5	16.0	4.0	16.8	12.8	9.4	6.6	1.5	2.3	1.0	0.0
2016	28.3	16.1	3.9	17.6	12.8	9.6	6.9	1.4	2.3	1.1	0.0
2017	27.4	15.9	3.8	19.4	12.6	9.5	6.8	1.3	2.3	1.1	0.1
2018	26.5	15.2	3.7	20.9	12.4	9.5	6.8	1.8	2.3	1.1	0.1
2019	25.3	13.5	3.5	24.7	12.2	8.1	8.0	1.8	2.0	0.9	0.1
2020	25.7	13.0	3.3	26.2	11.6	8.1	7.5	1.7	2.1	0.8	0.1
2021	25.1	12.4	3.3	28.2	11.3	7.8	7.2	1.6	2.1	0.8	0.1
2022	25.1	12.4	3.4	27.9	11.7	7.6	7.3	1.6	2.0	0.8	0.2

资料来源:深圳市2013—2022年国民经济和社会发展统计公报。

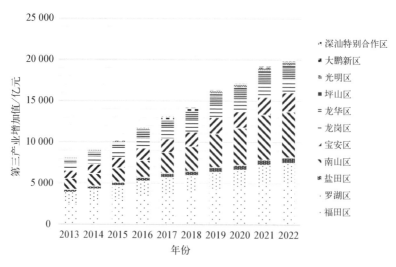

图 12　2013—2022 年深圳市第三产业各区分布变化图

2.3　产业发展趋势

从产业规模来看,深圳经济保持快速增长,发展质量稳步提升,2013—2022 年深圳市的 GDP 由 15 234.24 亿元增长至 32 387.68 亿元,年均增长率约为 8.7%。近年来,深圳深入推进改革开放、创新发展,大力实施高质量发展,随着"双区"建设的稳步推进,深圳经济稳健前行、持续向好。

从产业结构来看,深圳三次产业结构在调整中不断优化,目前其产业结构呈"三二一"格局,且产业结构呈现明显的高度化特征,即第二产业的比重总体呈下降趋势,第三产业的比重呈上升趋势,但 2022 年第二产业的比重出现回升。2022 年,深圳实现规模以上工业总产值 45 500.27 亿元,全部工业增加值达 11 357.09 亿元,首次成为国内规模以上工业总产值、全部工业增加值"双第一"的城市。同时,2022 年深圳再一次喊出"工业立市、制造强市"的口号,以制造业为代表的实体经济重回深圳城市发展的首位,第二产业的比重还回升。

从产业分布来看,深圳各区的产业基础、地理区位、资源优势等存在差异,各区的产业发展方向各具特色。2022 年,深圳地区生产总值为 32 387.68

亿元,GDP 位居前 6 位的分别是南山区(24.8%)、福田区(17.0%)、龙岗区(14.7%)、宝安区(14.5%)、龙华区(9.1%)和罗湖区(8.1%),所占的比重共约 88.2%,其余 5 个区的 GDP 所占比重均不足 5.0%。南山区围绕"总部研发+高端制造"战略,福田区突出科创、金融、时尚三大产业,龙岗区是深圳市的工业大区和产业强区,宝安区是深圳的产业大区、出口大区和制造业强区,龙华区以"数字龙华、都市核心"的发展定位,罗湖区以金融业、商贸业、商务服务业为支柱产业。

从产业方向来看,深圳坚持把发展经济的着力点放在实体经济上,构建现代化产业体系。深圳注重发挥自身的产业优势和创新能力,积极推动新兴产业的发展。例如,在高新技术领域,深圳的电子信息、生物医药、新能源等产业已经形成了较为完整的产业链和产业集群,具有较强的市场竞争力。同时,深圳还注重推动传统产业的转型升级,通过技术改造、品牌培育、市场拓展等方式,提高传统产业的质量和效益。除了强化实体经济外,深圳也重视发展现代服务业,如金融服务、专业服务(包括研发设计、法律咨询、会计审计等)、文化创意产业等,以服务业的高端化、国际化推动建设现代化产业体系。

3

先 进 制 造 业

新一轮科技革命和产业变革蓬勃发展,世界主要工业大国纷纷布局制造业,抢占竞争制高点,全球产业链重组、供应链重塑、价值链重构不断深化。

3.1 全球制造业格局深刻调整

3.1.1 制造业格局变化的三大核心影响因素

制造业格局是制造业的空间分布状态,它在国际产业分工中形成并不断发生变化,是制造业不同行业、不同环节在世界不同国家和地区的分布情况。全球制造业格局在诸多因素的影响下不断发生变化和调整,其中三大核心影响因素如下。

一是颠覆制造业生产方式的重要科技创新,决定了产业、业态和模式的诞生及消亡,历次科技革命都带来了全球产业结构变革和格局调整。具体而言,颠覆式科技创新通过改变生产方式、产业业态和结构、生产要素的相对重要性、交易和运输成本等方式,塑造新的产业分工,从而改变制造业原有的空间结构。

二是制造业生产要素比较优势的此消彼长。劳动力数量和成本优势的变化,造成劳动密集型产业在全球范围的转移。如 20 世纪 80 年代全球劳动密集型产业在中国东南部沿海地区的高度集聚以及近几年向东南亚国家的转移。

三是战争、政治关系、自然灾害、流行病等全球性重大非经济因素,给全球制造业格局演变方向增加了不确定性。新冠疫情和俄乌局势造成全球制造业供应链中断,并诱发各国政府调整制造业发展策略,深刻改变了全球制造业产业布局的发展趋势。

3.1.2 制造业格局变化的三大核心趋势

当前,全球制造业格局呈现高端制造领域竞争加剧、传统制造业持续转移和区域化多核心的三大趋势。

一是发达国家和发展中国家在高端制造业领域竞争加剧,发达国家政府干预竞争的力度不断加大。新一轮科技革命高效赋能中国、印度等发展中国家和地区的科技创新和产业升级,发展中国家和地区高端制造业快速发展;发达国家和地区持续推进"再工业化"进程,加强对高端制造业发展的规划和政策引领。欧美国家近几年出台了大量促进本国高端制造业发展的规划,积极引导跨国公司将生产环节和投资留在本国。以美国和欧盟为主的发达国家和地区逐步将经贸领域的打压作为保护本国高端制造业竞争力的重要手段,对以中国为主的发展中国家和地区的打压政策呈现领域扩大、借口意识形态化、手段多元化的趋势。

二是劳动密集型传统制造业持续在全球范围内转移,形成新的"世界工厂"。劳动密集型产业在"雁阵模式"的进一步主导下,在全球范围内寻找生产要素比较优势最大的地区。我国东南沿海地区经济发展水平提升、产业结构升级和城市化率不断提高,导致劳动力价格、土地价格及企业环保成本进一步提升,劳动密集型产业将持续从我国东南沿海地区向全球其他地区转移。东南亚诸国和我国中西部地区是承接我国沿海劳动密集型产业的主要地区。相较而言,因东南亚国家兼具劳动力资源优势和海运交通优势,未来将成为新的"世界工厂"。

三是非经济因素影响力不断提升,北美、欧洲和亚洲制造业区域化多核心趋势显著。欧美国家贸易保护主义和民粹主义兴起,对本国产业的保护力度和对竞争对手的打压力度不断加大,各类投资审查、关税壁垒、技术壁垒、高科技中间产品出口限制等手段的应用趋于"滥用",严重阻碍了正常的全球贸易和跨国公司的全球投资。新冠疫情激发了各国政府对全球化产业分工体系下本国产业链安全性的忧患意识,供应链安全超越供应链效率成为很多国家制造业发展的首要原则,国家内部或区域内部的全产业链布局趋势会进一步加强,全球不同地区间的产业链联系将随之减弱。

3.2　先进制造业的界定与内涵

3.2.1　先进制造业的界定

美国学者在 20 世纪 90 年代初提出"先进制造业"的概念。国内外学者对先进制造业内涵的理解大致经历了三个阶段:① 先进制造业概念首次提出时,美国政府将其定义为拥有先进制造技术的行业;② 随着先进制造技术在生产中贡献率的提升,先进制造业的内涵扩充为先进制造技术和先进制造管理两个方面;③ 制造业产业价值链的延伸以及生产性服务业的发展使先进制造业的内涵发生了变化,应从多角度界定先进制造业的概念。目前,国内外学者对先进制造业的界定尚未达成共识。先进制造业的相关界定如下。

1) 理论研究的界定

国内理论界对于先进制造业的界定,主流观点有 3 种,如表 17 所示。

表 17　国内关于先进制造业的理论定义

理　　　论	理　论　侧　重　点
单因素论	此处单因素指的是技术因素,强调先进技术因素在生成先进制造业中的重要性。它认为只有技术先进才能划归为先进制造业。先进的技术更加强调区别于现有的技术,是全"新"的高精尖技术
双因素论	不仅强调先进技术,还认为先进的管理模式对于界定先进制造业不可或缺。先进的管理模式的重要性应该与先进技术的重要性等同
多因素论	先进技术、先进管理模式应用于产品生产、产业管理的方方面面。先进制造业的生产是多方因素的共同影响,每个因素都起到特定的效用,不能忽视

2）实践应用的界定

先进制造业的实践应用主要集中于各国先进制造业的发展规划方面，笔者对以美国为代表的发达国家关于先进制造业的概念进行了梳理，如表18 所示。

表 18 主要发达国家关于先进制造业的实践定义

发　布　方	解　释　说　明
美国先进制造业协会	美国对于先进制造业的实践界定,强调技术的重要作用,强调先进技术在产业生长组织中的运用
德国联邦政府	德国对于先进制造业的实践界定加深了新能源的意义,绿色清洁制造也是先进制造业的必然要求
日本经济产业省	日本对于先进制造业的实践界定强调信息化网络与制造的结合,指明了智能化的发展方向
英国政府科技办公室	英国对于先进制造业的实践界定加入了新材料方面的描述,先进制造业的发展离不开基础的材料,具有更加强大性能的材料才能制造出高精尖的产品
韩国贸易、工业及能源部	韩国先进制造业的实践界定强调了信息技术和软件技术对制造业的赋能,从而生成先进制造业

3.2.2　先进制造业的内涵

本书从经济、技术、科技三个方面讨论先进制造业的内涵。

从经济分析的角度来看,先进制造业至少应包括三个方面的内涵:一是产业的先进性,在全球生产体系中处于高端位置,具有较高的附加值和技术含量,通常指高技术产业或新兴产业;二是技术的先进性,在技术和研发方面保持先进水平;三是管理的先进性,普遍采用先进的管理方式和技术手段。

从技术发展的角度来说,先进制造业包括三个特性。一是集群化。自20 世纪90 年代以来,全球制造业的集群化趋势不断发展,即同种产业或相关产业的制造企业在空间上有机地集聚在一起,通过不断创新而赢得竞争优势。二是数字化。当前,世界制造业正向全面信息化方向迈进,其新的发展趋势表现为技术的融合化,产品的高技术化、高附加值化、智能化和系统化。三是服务化。在用户的需求进入"多样化"阶段以后,制造业从以"硬件(生产)"为中心向以"软件(服务)"为中心的具有综合工程能力(产品＋服务)的产业转变。

从科学发展的意义上看,先进制造业无疑应该是符合低碳经济、循环经济发展趋势的产业。

3.3 先进制造业发展面临的形势

从外部来看,近年来一些国家针对我国先进制造业的打压不断升级,中国制造业面临复杂的国际环境。从内部来看,中国制造业仍处于全球价值链中低端,大而不强、部分核心技术受制于人、供需结构不平衡等问题仍然存在。制造业是深圳的立市之本、强市之基,其规模以上工业总产值、全部工业增加值均位居全国城市首位,其新一代信息通信等 4 个产业集群入选国家先进制造业集群,但当前仍处于新一轮动能转换和转型升级发展的关键期,先进制造业发展不平衡、不充分问题依然存在,产业链供应链竞争力和抗风险能力还需进一步提升。

3.3.1 国际竞争形势

全球制造业围绕美、德、中、日、韩等制造业大国,通过与周边国家的产业链供应链合作,形成了各具特色和优势的全球制造业"三大中心":一是以美国为核心,辐射带动加拿大和墨西哥的北美制造业中心;二是以德国为核心,辐射带动法国、英国等老牌发达国家的欧洲制造业中心;三是以中、日、韩为核心,辐射带动东南亚、南亚等国家的亚洲制造业中心。当前,受逆全球化、贸易保护主义加剧、新冠疫情冲击、俄乌战争等多重因素的影响,全球制造业产业链供应链朝着区域化、本土化、多元化、数字化等方向加速调整和重塑,跨国企业供应链布局由传统的成本和效率导向,转向更加重视韧性和安全,推动全球制造业发展格局深刻调整。先进制造业领域的国际竞争日益激烈,发达国家纷纷推出"再工业化",推动高端制造业回流,新兴经济体凭借成本优势积极承接国际产业转移。随着互联网、大数据、区块链、人工智能等新一代信息技术加速突破,与制造业深度融合创新,推动制造业生产方式、发展模式和企业形态发生根本性变革,世界主要工业大国纷纷制定发布制造业发展战略,加强前瞻谋划,明确发展重点,强化政府引导和政策支持,抢占竞争制高点,争夺发展主动权。在当前全球复杂多变的局势下,深圳先进制造业发展也将面临更加严峻复杂的外部环境。

3.3.2　国内发展环境

我国已经建立了全世界最为齐全、规模最大的工业体系,是全世界唯一拥有联合国产业分类中全部工业门类的国家,"中国制造"开始向"中国智造""中国创新"转变,但总体上我国工业仍处于全球价值链中低端,工业大而不强的格局尚未根本改观。2020 年 5 月 14 日,中共中央政治局常委会首次提出"构建国内国际双循环相互促进的新发展格局",以国内经济大循环为出发点和落脚点,推动我国的竞争力和价值链地位全面提升。党的二十大报告提出,"坚持把发展经济的着力点放在实体经济上,推进新型工业化,加快建设制造强国"。《粤港澳大湾区发展规划》明确提出,"加快发展先进制造业和现代服务业,瞄准国际先进标准提高产业发展水平,促进产业优势互补、紧密协作、联动发展,培育若干世界级产业集群"。2023年,深圳市政府工作报告明确了十个方面的重点工作,"坚持把发展经济的着力点放在实体经济上,加快建设全球领先的重要的先进制造业中心"排在首位。

可见,面临严峻复杂的内外部环境,深圳将大力发展先进制造业,推动制造业加速向高端迈进,是实现经济高质量发展的战略选择。

3.4　深圳先进制造业的发展历程

1979 年 3 月,国务院批复同意将宝安县改为深圳市;1980 年 8 月 26日,深圳经济特区正式诞生。创建伊始,深圳凭借特区的政策优惠,借助香港的资金和产业转移,与后者形成"前店后厂"模式,依托"三来一补"(来料加工、来件装配、来样加工和补偿贸易)为主的劳动密集型轻工业的发展。

20世纪90年代,由于产业结构低端,模式单一且能耗大,劳动密集型轻工业发展开始变缓,深圳主动求变,放弃路径依赖,提出"以高新技术企业为先导、先进工业为基础、第三产业为支柱"的产业政策。此后,以电子和计算机为龙头的高科技企业及配套产业集群在深圳迅速发展起来。

2010年出台的《深圳市城市总体规划(2010—2020)》,明确了城市产业结构"以电子信息产业为主导",要求"逐步置换低端产业,为高端产业释放空间",并强调了高新技术的重要性——"用高新技术提升先进制造业和装备制造业,用高新技术改造传统优势产业,强化高新技术产业集群的培育,推动产业升级"。

深圳从建设中国大陆第一个科技园区、第一个对外开放的工业园区到成为"中国工业第一城",用42年诠释一座城市发展奇迹的深圳在焕发更大的张力,刻在这座城市的工业尤其是制造业的"基因"被赋予更大的期待。2022年。深圳再一次喊出"工业立市、制造强市"的口号,以制造业为代表的实体经济重新回到深圳城市发展的首位。深圳先进制造业发展历程梳理如下:

(1)2000年率先从加工贸易向高新技术转型。

(2)2008年率先布局生物技术、新能源、互联网等首批战略性新兴产业。

(3)2009年率先布局新一代存储处理技术、新材料等第二批战略性新兴产业。

(4)2013年率先培育生命健康、可穿戴设备等未来产业。

(5)2022年提出发展以先进制造业为主体的"20+8"战略性新兴产业集群和未来产业。

3.5 深圳先进制造业的发展现状

制造业是实体经济的主体,是城市经济发展的根基和综合实力的体现。深圳经济特区建立40多年来,其制造业迅猛发展,不断壮大,走出了一条独具特色的新型工业化道路。《先进制造业百强市五周年巡礼暨先进制造业百强市（2022）研究报告》显示，深圳继 2021 年位列先进制造业百强市首位之后，再次位列第一。深圳牢牢把握粤港澳大湾区、深圳先进示范区"双区"建设和实施深圳综合改革试点重大历史机遇，着力发展以先进制造业为主体的"20＋8"产业集群。深圳用集群方式发展先进制造业，不仅符合产业发展规律，还有利于通过集群发展再孵化出新的业态。

3.5.1 先进制造业统计分类

1）国家统计分类

根据《新产业新业态新商业模式统计分类（2018）》，第二大类"先进制造业"包括 14 个中类、113 个小类，详见附表 1。

2）广东省统计分类

广东省结合自身产业发展的实际，制定了地方先进制造业统计分类表。根据广东省制定的先进制造业统计口径（新版），纳入统计的先进制造业涉及高端电子信息制造业、先进装备制造业、石油化工产业、先进轻纺制造业、新材料制造业、生物医药及高性能医疗器械等 6 个产业、23 个细分领域（见表 19）。

表 19 广东省先进制造业统计口径（新版）

产　业	序　号	细　分　领　域
高端电子信息制造业	1	集成电路及关键元器件
	2	信息通信设备
	3	新型显示
先进装备制造业	4	智能制造装备
	5	船舶与海洋工程装备
	6	节能环保装备
	7	轨道交通设备
	8	航空装备

产　业	序　号	细　分　领　域
先进装备 制造业	9	新能源装备
	10	汽车制造
	11	卫星及应用
	12	重要基础件
石油化工 产业	13—14	石油化工(含有机原料和精细化工)
先进轻纺 制造业	15	绿色食品饮料
	16	高附加值纺织服装
	17	环保多功能家具
	18	智能节能型家电
新材料制造业	19	高端精品钢材
	20	高性能复合材料及特种功能材料
	21	战略前沿材料
生物医药及 高性能 医疗器械	22	生物制药
	23	高性能医疗器械

3.5.2　先进制造业的空间分布

为支撑深圳成为全球制造业高质量发展的标杆城市,以高质量产业空间保障先进制造业发展,深圳工业和信息化局、深圳市规划和自然资源局于2022年6月联合发布了《深圳市20大先进制造业园区空间布局规划》,充分考虑全市各区产业基础、发展规划、空间承载等情况,在宝安、龙岗、龙华、坪山、光明、盐田、大鹏新区、深汕特别合作区8个区选取产业基础比较好、具有空间保障能力的区域打造20个先进制造业园区。其中,宝安区(含前海)4个,龙岗区3个,龙华区3个,坪山区3个,光明区4个,盐田区和大鹏新区合建 1 个,深汕特别合作区 2 个;总规划用地面积约 300 平方公里,按照启动区、拓展区、储备区有计划释放工业用地面积约 60 平方公里,具体如表 20 所示。

表 20 深圳市 20 个先进制造业园区分布表

所在区	序号	先进制造业园区名称	重点布局产业集群方向
宝安区	1	燕罗先进制造业园区	半导体与集成电路、智能终端、网络与通信
	2	石岩先进制造业园区	半导体与集成电路、超高清视频显示、网络与通信
	3	新桥东先进制造业园区	工业母机、激光与增材制造、精密仪器设备、智能机器人
	4	福海—沙井先进制造业园区	激光与增材制造、智能终端、超高清视频显示、网络与通信
龙岗区	5	西部先进制造业园区	网络与通信、半导体与集成电路、智能终端
	6	中部先进制造业园区	智能终端、现代时尚、超高清视频显示
	7	东部先进制造业园区	半导体与集成电路、新能源、生物医药、超高清视频显示、安全节能环保
龙华区	8	九龙山先进制造业园区	网络与通信、工业母机、半导体与集成电路、高端医疗器械
	9	鹭湖—清湖先进制造业园区	智能终端、网络与通信、激光与增材制造、安全节能环保、精密仪器设备
	10	黎光—银星先进制造业园区	智能终端、新能源、高端医疗器械、工业母机、激光与增材制造
坪山区	11	金沙—碧湖先进制造业园区	生物医药、高端医疗器械、大健康
	12	高新南先进制造业园区	半导体与集成电路、智能终端、新材料
	13	高新北先进制造业园区	智能网联汽车、新材料、激光与增材制造
光明区	14	凤凰先进制造业园区	超高清视频显示、安全节能环保
	15	马田先进制造业园区	精密仪器设备、智能传感器、现代时尚

续　表

所在区	序号	先进制造业园区名称	重点布局产业集群方向
光明区	16	玉塘先进制造业园区	高端医疗器械
	17	公明先进制造业园区	新材料、生物医药
盐田区 大鹏新区	18	东部滨海先进制造业园区	生物医药、高端医疗器械、大健康、海洋产业
深汕特别 合作区	19	鹅埠—小漠先进制造业园区	智能网联汽车、新能源、安全节能环保、新材料、海洋产业
	20	鲘门先进制造业园区	智能机器人

可见,除福田区和南山区以外,深圳其余 8 个区均布局了先进制造业园区。20 个先进制造业园区突出先进制造业的主体地位,因地制宜地打造产业集群,强化产业链纵深拓展和升级再造,按照"错位协同发展"的原则,明确各园区产业发展的主导方向,鼓励位于不同区域、发展条件互补的园区开展精准对接与合作,推动形成主导功能清晰、各具特色、优势互补、高质量发展的先进制造业空间发展格局。

3.5.3　先进制造业的发展成就

深圳坚持以制造业立市,全力推进"20＋8"产业集群落地生根,规划建设 20 个先进制造业园区,实施"工业上楼"行动计划,持续夯实高质量发展根基。

1) 创新能级显著提升

近年来,深圳深入实施创新驱动发展战略,推动创新与产业双向赋能。① 基础研究投入大幅提升。深圳已建设基础研究机构 10 家、诺奖实验室 11 家。2022 年,深圳基础研究经费投入达 122 亿元,占全社会研发投入的比重达 7.25％,超过广东省(6.9％)和全国(6.5％)的平均水平。深圳技术创新载体不断壮大,截至 2022 年年底,深圳累计建设各级重点实验室、工程技术研究中心、工程实验室、工程研究中心、企业技术研究中心等创新载体 3 223 家。② 企业创新主体地位凸显。2022 年,深圳规模以上有研究与发展(R&D)活动的企业数量达 5 727 个。2022 年,深圳的企业研发投入占全社会研发投入的比重高达 94.0%,连续多年居全国首位。

2) 新兴产业不断壮大

深圳始终坚持经济高质量发展理念,坚持把发展经济着力点放在实体经济上,推动新兴产业持续茁壮成长。① 高技术制造业规模持续壮大。2022 年,深圳高技术制造业增加值比上年增长 2.8%,先进制造业增加值增长 3.9%,占规模以上工业增加值的比重分别为 60.6%和 67.3%。② 制造业产业结构持续优化。深圳的战略性新兴产业所占比重持续上升,从 2018 年的 37.8%增长至 2022 年的 41.1%,且计算机、通信和其他电子设备制造业的产值占规模以上工业总产值的比重呈下降趋势,"一业独大"现象有所缓解。③ 高新技术产品出口额持续增长。2022 年,深圳高新技术产品出口额达 17 569 093 万美元,5 年内增长了 27.0%。

3) 竞争优势持续增强

深圳工业基础雄厚,基本形成了梯次型现代工业体系,不断向先进制造和高端领域迈进。① 重点产业链不断完善。深圳有 31 个制造业大类,在网络通信、智能终端、超高清视频显示、高端医疗器械、新能源汽车等领域有着带动能力较强的龙头企业,其供应链服务企业的数量占全国的 80%以上,形成了大企业顶天立地、中小企业枝繁叶茂的局面,新一代信息通信集群等 4 个产业集群入选国家先进制造业集群。② 工业增加值不断跃升。2022 年,深圳实现规模以上工业总产值 45 500.27 亿元,全部工业增加值 11 357.09 亿元,首次成为国内规模以上工业总产值、全部工业增加值"双第一"的城市。

3.5.4 先进制造业存在的问题

当前,深圳制造业仍处于转型升级发展的关键时期,制造业高质量发展仍面临诸多挑战。一是产业发展不平衡、不充分。计算机、通信和其他电子设备制造业作为深圳重要的支柱产业,其 2022 年的产值占规模以上工业总产值的比重达 55.3%,远高于第 2 位(8.2%)的电气机械及器材制造业和第 3 位(4.8%)的专用设备制造业,制造业发展不平衡、不充分问题依然存在。二是产业发展空间支撑不足。2022 年，深圳工业增加值达 11 357.09 亿元，比上年增长 4.7%，同时，深圳明确提出培育发展壮大"20＋8"产业集群，对厂房空间需求较大，产业发展空间受限。三是产业链供应链抗风险能力不强。通信设备制造业是支撑深圳工业的主导产业，也是深圳第一大产业，但部分上游基础材料、高端芯片以及关键元器件仍然受制于人。2022 年，深圳高新技术产品进口额占全市进口总额的 55.5%，高新技术产品出口额占全市出口总额的 46.0%。四是跨区域产业协同机制有待完善。近年来，深圳在产业升级"腾笼换鸟"过程中，持续外溢辐射周边区域，受运营成本增加等因素的影响，包括计算机、通信和其他电子设备制造业在内的大量制造业企业外迁，亟须强化跨区域协同发展，以增强产业链的韧性和竞争力。

3.5.5 四大先进制造业集群

先进制造业集群是产业分工深化和集聚发展的高级形式。发展先进制造业集群，有利于促进产业向中高端迈进，提升产业链供应链韧性和安全水平，推动形成协同创新、人才聚集、降本增效等规模效应和竞争优势。2019 年，工信部启动实施先进制造业集群发展专项行动，通过集群竞赛的方式，围绕新一代信息技术、高端装备、新材料等重点领域，在全国范围内遴选具有较强竞争力和影响力的先进制造业集群。2022 年，工信部公布了 45 个国家先进制造业集群名单，这代表着国内产业集群的最高水准，它们将承担国家使命，代表我国参与全球竞争合作，冲击"世界冠军"。

2022 年，45 个国家先进制造业集群产值超过 20 万亿元，建设了 18 家国家级制造业创新中心，占全部国家级创新中心数量的 70%，成为推动制造业高质量发展的重要载体。从城市分布来看，深圳入选国家先进制造业集群的数量最多，深圳市新一代信息通信集群、深圳市先进电池材料集群、深广高端医疗器械集群、广深佛莞智能装备集群 4 个先进制造业集群入选，覆盖通信、材料、医疗器械、智能装备等重点领域。其中，深圳市新一代信息通信集群和深圳市先进电池材料集群在第一轮竞赛中脱颖而出,广深佛莞智能装备集群和深广高端医疗器械集群则在第二轮竞赛中胜出,凸显出广东先进制造业集群协同发展的突出特点,也呈现出深广重点发挥核心带动作用,其他城市围绕自身产业优势实现差异化、特色化、协同化发展的产业分工协作格局。可见,协同合作仍是未来先进制造业发展的趋势,从公布的名单中也可以看出,国家鼓励支持多区域协作发展。

1) 深圳市新一代信息通信集群

作为全球电子信息产业重镇的深圳,新一代信息通信产业一直让深圳引以为傲,是深圳工业的"拳头"产业,也是国内新一代信息通信产业的最大聚集地。2022 年,深圳电子信息制造业的产值达 2.48 万亿元,占全国的1/6,多年稳居全国前列。深圳拥有雄厚的电子信息产业基础,形成了企业梯次结构,规模以上电子信息制造企业超过 4 100 家,年产值达千亿级的企业有 5 家,过百亿的企业有 27 家,年产值达 5 亿元以上的企业近 400 家,全国电子信息百强企业有 21 家,形成重点领军企业头雁领飞、众多细分龙头企业精耕细作的良好产业格局。从产业结构来看,在深圳电子信息制造业中,网络通信、智能终端产值超过万亿元,超高清显示、半导体和集成电路产值超过千亿元,移动通信基站、彩色电视机、手机等产业产值位居全国前列。截至 2023 年 4 月,深圳的国家高新技术企业超过 2.3 万家,拥有国家高性能医疗器械、5G 中高频器件、超高清视频 3 家国家级制造业创新中心,以及鹏城实验室、深圳湾实验室、国家超算中心等一批重大科技创新平台。

同时,深圳对新一代信息技术等战略性新兴产业超前布局和系统规划,先后出台了一系列支持产业发展的相关规划和措施,助力新一代信息通信产业继续成为深圳经济发展的主引擎。根据《深圳市培育发展网络与通信产业集群行动计划(2022—2025 年)》,深圳锚定建设世界级新一代信息技术产业发展高地,向世界级先进制造业集群"冠军"冲击。

2) 深圳市先进电池材料集群

深圳先进电池材料产业集群在全国动力电池产业中处于引领地位,已形成从关键材料生产、电池模组装备、锂电开发制造到电池回收再利用基本自主可控的完整产业链闭环,且该集群拥有一批产业生态主导型企业、单项冠军企业、专精特新"小巨人"和国家级绿色制造企业。比亚迪是国内新能源汽车产业链最完整的企业之一,欣旺达在电子产品锂电池模组等方面是全球领军企业,德方纳米是动力电池正极材料领跑者,贝特瑞是全球最大的锂电池负极材料生产商之一,新宙邦是国内主流的电解液厂家之一,星源材质则是隔膜市场的国内龙头,赢合科技、先导科技有限公司是国内锂电生产设备头部供应商,中兴新材、翔丰华、格林美等骨干企业也占有较高的市场份额,比克电池是集生活数码、新能源汽车、储能三大核心业务于一体的国际领先的新能源企业,雄韬股份在酸蓄电池、锂离子电池、燃料电池三大品类中已成为全球领先的新型能源企业。

截至2021年,深圳先进电池材料产业集群已汇聚企业超过1 200家,总产值超过5 700亿元,电池及材料产业产值居全国首位,在A股上市的相关企业超过19家,规模以上企业超过100家,高新技术企业超过35家。

3) 深广高端医疗器械集群

深广高端医疗器械集群覆盖500多家高端医疗器械企业,上下游产业链结合紧密。医用生物材料、传感器、探测器等关键零部件供应企业高度聚集,形成了"一小时"外协与定制加工供应圈;同时,物流、仓储等第三方供应链企业已超万家,为上下游企业流通提供了强力支撑。深圳医疗器械产业坚持创新和国际化道路,加速产业结构高端转型,在高端医疗器械领域产值连续增长,已经形成良好的高端医疗器械生态产业链,培育了大批龙头企业和创新团队。2022年,深圳高端医疗器械产业增加值达到332亿元,同比增长12.4%。

深圳市委、市政府高度重视医疗器械产业发展,正积极落实中央和省市有关战略部署,将医疗器械产业作为"20+8"战略性新兴产业集群和未来产业的重点,努力建设成为全球知名的高端医疗器械研发中心和国内领先、国际一流的高端医疗器械产业集聚发展高地。2022年7月,深圳印发了高端医疗器械产业集群行动计划以及一系列配套措施,重点支持高端医学影像、体外诊断、高端植介入等主要产业领域,以及手术机器人、智能软件等前沿领域,支持范围涵盖临床转化、注册审批、园区建设、器械生产等多个维度,全力打造全过程产业生态链。同时,深圳在推进高端医疗器械产业发展的过程中,以重大公共服务平台为精准发力点,加强专业技术服务能力建设,瞄准产业需求大、严重依赖进口的共性关键技术领域,开展关键核心技术攻关以及市场准入研发资助,推动高端医疗器械高质量发展。

4) 广深佛莞智能装备集群

广深佛莞智能装备产业集群以"产业数字化、技术自主化、立足大湾区、面向全世界"为主线,持续推进企业创新能力提升和产业链优化完善,支撑广东省及粤港澳大湾区相关产业高质量发展,不断加强自主品牌建设与全球市场开拓,积极打造具备国际影响力的世界级产业集群。广深佛莞智能装备产业集群目前是我国规模最大、品类最多、产业链最完整的智能装备集聚区域,涵盖高端装备制造、智能机器人、精密仪器设备等广东省"双十"产业集群,支撑着广东省 14 万亿元的工业生产体系,是促进形成国内国际双循环新格局的基础核心产业。2022 年,广深佛莞智能装备集群集聚相关企业超过 1.7 万家,其中规模以上企业超过 7 400 家,且集群内培育打造了 130 家专精特新"小巨人"企业。2022 年,广深佛莞智能装备集群总产值达到 10 500 亿元。

与此同时,广深佛莞智能装备产业集群围绕智能装备产业链,在关键基础零部件、机器人本体、智能专用装备、系统集成应用、检验检测、技能人才培训等全产业链环节开展建设,目标是到 2025 年建成产值突破万亿元的世界级智能装备产业集群,形成创新活跃、结构优化、规模领先的智能装备产业体系。广州、深圳、佛山、东莞四地正在探索建立"市场+政府+社会组织"共建共享模式,力争突破一批"卡脖子"技术,培育若干单项冠军和专精特新"小巨人"企业及百亿规模的智能装备龙头企业,协同打造成为全球智能装备重大技术创新策源地之一。

3.6 深圳先进制造业案例分析

本书以信息与通信设备、新能源汽车和医疗器械等产业领域的头部企业——华为技术有限公司、比亚迪股份有限公司和深圳迈瑞生物医药电子股份有限公司 3 家代表性企业为案例,探索支撑深圳先进制造业快速发展的关键因素。

3.6.1　华为投资控股有限公司

华为创立于 1987 年，它不仅是一家世界 500 强企业，而且是全国研发投入最高的科技龙头企业，携手众多生态伙伴、开发者，共同绘制开放、包容、创新的产业生态新蓝图。华为是全球领先的 ICT（信息与通信）基础设施和智能终端提供商，现有 20.7 万名员工，遍及 170 多个国家和地区，为全球 30 多亿人口提供服务。截至 2022 年年底，华为在全球近 800 个产业组织（如标准组织、产业联盟、开源社区、学术组织等）中，担任超过 450 个重要职位，与 3GPP、5G‑ACIA、ALL、Apache、CCSA、IIC、ETSI、ECC、Linux 基金会、Eclipse 基金会、开放原子开源基金会、电信管理论坛、Networld Europe、汽车标准化技术委员会（NTCAS）、汽车开放系统架构（AUTOSAR）等形成深层次沟通与战略合作，促进中欧产业组织间深度协作、标准互认等。同时，华为围绕鲲鹏、昇腾、华为云、鸿蒙、智能汽车解决方案，培育数字化转型人才，赋能开发者，与生态伙伴合作共赢，协同创造社会价值。

1）产业环境

近年来，全球信息与通信技术产业呈现出两大明显特征：一是主要国家和地区政府更加关切并深入参与当地产业环境建设，更有意识地引导或主导产业发展方向、产业标准/行业规范，部分地区和领域呈现"逆全球化"的趋势；二是随着先进技术的研究突破和广泛应用，如宽带、无线、光、数据中心、人工智能、云计算、图计算等，ICT 技术的服务范围从人与人的连接拓展到人与机器、机器与机器的连接，应用场景逐步丰富，用户体验显著提升，行业数字化和智能化正加速到来。

2）行业趋势

在未来不确定的宏观环境中，低碳化、数字化、智能化是信息与通信技术行业可持续发展的必由之路。信息与通信技术行业的发展呈现出三大趋势。

一是智能世界正在加速到来。联合国的报告显示，全球人口正在步入老龄化阶段,几乎每个国家都出现了不同程度的劳动力不足,全球能源消耗持续增加,化石能源占比居高不下,如何加速转向可持续发展的新能源,是迫在眉睫需要应对的严峻挑战;而低碳化、数字化、智能化是可持续发展的必由之路。同时,人类对体验的追求永无止境,个人、家庭和行业对数字基础设施提出了更高的要求:摆脱身体的限制,提升感知能力;突破通用计算效率瓶颈,发展新型计算;跨越空间障碍,实现身临其境。随着技术的快速发展,人类社会正在加速迈入智能世界。

二是理论与技术双重引领。迈向智能世界,连接数量将达到千亿级,宽带速度需求将进入万兆时代,算力、存储需求百倍提升。5G 定义的三大场景很难支撑多样性物联场景需求,如工业物联应用,既要进行海量连接,又要求提供上行大带宽,必须在 eMBB(enhanced mobile broadband,增强移动宽带)和 mMTC(massive machine type communications,大规模机器型通信)之间增加上行超宽带场景;满足远程医疗应用需求,既要实现超宽带,也要保证低时延和高可靠,必须在 eMBB 和 URLLC(ultra-reliable and low-latency communications,超高可靠与低时延通信)之间增加实时宽带交互场景;车联网中的车路协同,既需要通信能力,又需要感知能力,必须新增通信感知融合场景。因此,必须从 5G 场景"三角形"变成 5.5G 场景"六边形",从支撑万物互联到使能万物智联。

三是开放包容与协同创新。想象未来靠科幻,创建未来靠科技。为满足人类发展需求并解决所面临的问题,需要汇集全人类的智慧和创新能力,必须以开放包容、协同创新的机制,跨越挑战。工业界需要与高校和科研机构紧密合作,用工业界的挑战和世界级难题牵引科学研究方向,需要将工业界的问题、学术界的思想与风险资本整合起来,协同创新,共同打造智能世界 2030。

3) 经营状况

华为通过不断优化产品组合,已经形成由 ICT 基础设施(运营商业务、企业业务、ICT 产品与解决方案、全球技术服务)、终端、云计算、数字能源、智能汽车解决方案等组成的,面向客户、具有强大韧性的产业组合。2022 年,华为全年实现收入为 6 423 亿元人民币,ICT 基础设施业务、终端业务、云计算业务、数字能源业务、智能汽车解决方案业务和其他业务的占比分别为 55.11％、33.39％、7.06％、7.91％、0.32％和0.62％。可见,ICT 基础设施和终端业务是华为的支柱业务,二者占比合计高达 88.50％,显示出华为整体业务结构不均衡,具体如表 21 和图 13 所示。

表 21　2022 年华为业务结构表(产业视角)

产　业　名　称	收入/百万元人民币	占比/％
ICT 基础设施业务	353 978	55.11
终端业务	214 463	33.39
云计算业务	45 342	7.06
数字能源业务	50 806	7.91
智能汽车解决方案业务	2 077	0.32
其他业务	3 978	0.62
抵消	(28 306)	(4.41)
合计	642 338	100.00

资料来源:2022 年华为年报。

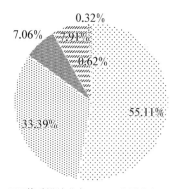

图 13　2022 年华为业务结构图(产业视角)

从客户视角来看,2022 年,华为的运营商业务、企业业务、终端业务和其他业务的占比分别为 44.21%、20.73%、33.39% 和 1.67%,如表 22 和图 14 所示。未来,预计华为将进一步精准把握行业发展趋势,推动业务多元化发展。

表 22　2022 年华为业务结构表(客户视角)

客户领域	收入/百万元人民币	占比/%
运营商业务	283 978	44.21
企业业务	133 151	20.73
终端业务	214 463	33.39
其他业务	10 746	1.67
合计	642 338	100.00

资料来源:2022 年华为年报。

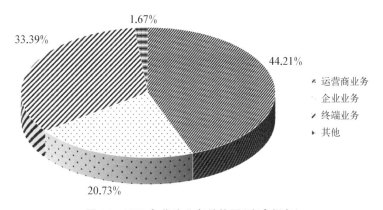

图 14　2022 年华为业务结构图(客户视角)

华为 2018—2022 年的年报数据显示:运营商业务所占的比重呈先降后升趋势,并在 2022 年成为华为占比最大的业务;随着数字化转型全面深化,各行业进入智能升级新阶段,华为与其他企业的合作日益密切,企业业务呈逐年递增趋势,成为华为的重要业务类型;华为持续优化,更加聚焦终端业务发展,坚持以智能手机为核心的"1＋8＋N"全场景智慧生活战略,围绕智慧办公、运动健康、智能家居、智慧出行和影音娱乐五大场景,为消费者打造丰富的全场景智慧生活体验,近年来终端业务整体呈下降的趋势;同时,随着业务的多元化发展,华为其他业务类型的比重呈逐年递增趋势,如表 23 和图 15 所示。

表 23 2018—2022 年华为业务结构变化趋势图表(客户视角)

年份	运营商业务/%	企业业务/%	终端业务/%	其他业务/%	合计/%
2018	40.77	10.32	48.37	0.54	100
2019	34.55	10.45	54.41	0.60	100
2020	33.95	11.26	54.18	0.62	100
2021	44.20	16.09	38.23	1.49	100
2022	44.21	20.73	33.39	1.67	100

资料来源:2018—2022 年华为年报。

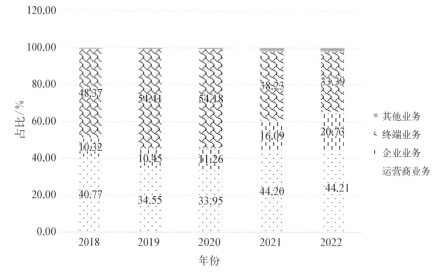

图 15 2018—2022 年华为业务结构变化趋势图(客户视角)

从区域视角来看,华为在中国、欧洲、中东、非洲、亚太,美洲和其他区域业务的占比分别为 62.90%、23.23%、7.48%、4.97% 和 1.43%。可见,华为业务对国内市场的依赖性较强,需进一步拓展海外市场,具体如表 24 和图 16 所示。

表 24　2022 年华为业务结构表(区域视角)

业 务 区 域	收入/百万元人民币	占比/%
中国	403 999	62.90
欧洲、中东、非洲	149 206	23.23
亚太	48 048	7.48
美洲	31 898	4.97
其他地区	9 187	1.43
合计	642 338	100.00

资料来源:2022 年华为年报。

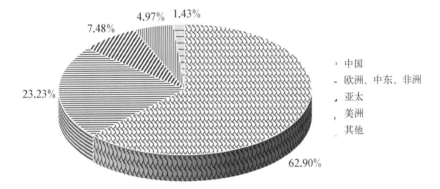

图 16　2022 年华为业务结构图(区域视角)

　　华为 2018—2022 年的年报数据显示:中国区域业务所占比重整体呈上升趋势,欧洲、中东、非洲,亚太、美洲和其他区域业务的比重均呈下降趋势,主要是由严峻的外部环境和非市场因素所致,具体表 25 和图 17 所示。

　　4) 科技创新

　　一直以来,华为高度重视研究与创新。截至 2022 年年底,华为研发员工超过 11.4 万名,占其员工总数的 55.1%。华为在移动通信、短距通信、编解码等多个主流标准专利领域居于领先地位,已有数百家企业通过双边协议或专利池付费获得了华为的专利许可。2022 年,与华为签订双边协议、付费获得华为专利许可的企业有 29 家,这些企业来自中国、美国、欧洲、日本、韩国等地。截至 2022 年年底,华为在全球共持有有效授权专利超过 12 万件。

表 25　2018—2022 年华为业务结构变化趋势图表(区域视角)

业务区域	年　　份				
	2018/%	2019/%	2020/%	2021/%	2022/%
中　国	51.60	59.00	65.62	64.90	62.90
欧洲、中东、非洲	28.36	23.99	20.29	20.64	23.23
亚　太	11.36	8.21	7.22	8.43	7.48
美　洲	6.64	6.11	4.45	4.59	4.97
其他地区	2.04	2.69	2.42	1.44	1.43
合　计	100.00	100.00	100.00	100.00	100.00

资料来源:2018—2022 年华为年报。

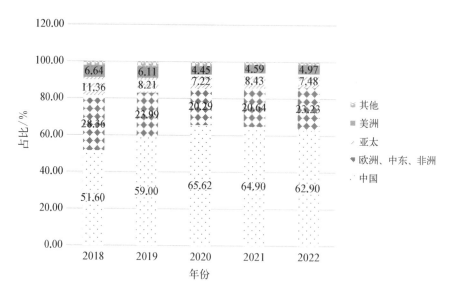

图 17　2018—2022 年华为业务结构变化趋势图(区域视角)

同时,华为每年坚持将 10% 以上的销售收入投入研究与开发。近 10年,华为累计投入的研发费用超过 9 773 亿元人民币。2022 年,华为的研

发费用支出为1 615亿元人民币,占其全年收入的25.1%,远高于深圳市
(5.49%)和全国(2.55%)的平均水平。2018—2022年,华为科研经费投入
持续增长,且研发投入强度也呈逐年递增趋势,具体如表26和图18所示。

表26 2018—2022年华为研发投入变化趋势

年　份	研发经费投入/ 百亿元人民币	研发投入强度/%
2018	10.15	14.1
2019	13.17	15.3
2020	14.19	15.9
2021	14.27	22.4
2022	16.15	25.1

资料来源:2018—2022年华为年报。

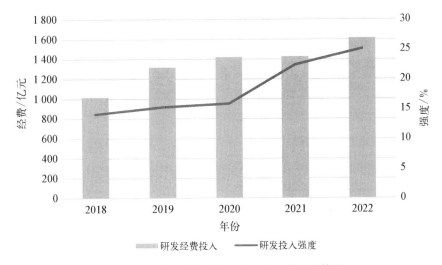

图18 2018—2022年华为研发投入变化趋势图

华为的研究与创新坚持三大原则:一是在基础研究领域持续发力,深入
通信与计算的理论本质,解决基础理论问题,突破产业演进瓶颈;二是坚持
技术创新,促进产业快速发展,助力万兆体验、千亿联接、内生智能的新世界
的到来;三是探索、牵引、开放、思辨,思想碰撞、学术交流没有物理边界。

华为极度重视技术创新,不断探索、挑战技术难题,持续研究安全可信技术,提升软件工程、系统工程等研发工程技术和能力,为客户打造安全、韧性、可靠的高质量产品。建立起覆盖研发、采购、支付与服务端到端的IPD‐SFP网络安全工程体系,将最佳实践固化并融入业务流程及 IT 作业平台,形成领先的网络安全能力。华为提出了以全量资产为核心的数字系统设计方法,解决传统模式下海量文档无法继承和传递的问题,实现大规模复杂系统的经验资产高效复用,使设计与验证更加敏捷。作为 Rust 等开源社区,ISO、ITU‐T、3GPP、IETF 等标准组织的主要参与方和贡献者,共同构筑数字世界的信任基石。华为在无线、光网络、数据通信、智能运维、云和计算、终端、AI 算法、基础软件八大领域,不断推动创新升级,为全行业、全社会创造价值。

专栏7

华为在八大领域的研究与创新成就

(1) 无线领域。与全球产业界共同探索和定义 6G,提出 6G 六大支柱技术。坚持理论创新与原型验证并重,率先实现 220 GHz 太赫兹通信原型系统,峰值速率高达 240 Gbit/s;用毫米波实现超 10 Gbit/s 的吞吐率和亚毫秒级时延的极致体验短距通信;创新提出可调谐反射板结合冷源反射板的混合阵列架构,在 10 GHz 波段非视距场景下实现近 41 dB 的覆盖增益。完成全球首个基于 5G NR 协议的低轨卫星移动接入外场验证,以及全球首次在太赫兹频段采用相同的硬件和波形同时实现高速通信和毫米级高精度感知成像。

(2) 光网络领域。通过高速信号低复杂度非线性波形设计、200 GB 超高速光电调制器等关键技术,持续推进长途单波速率从 400 G 向 800 G 演进。突破超宽谱 S+C+L 光放大器、先进高阶调制光算法、宽谱光系统性能均衡等关键技术,实现 50% 光频谱扩展。在与 Orange 联合开展的现场测试中,创造了光纤传输157 Tbit/s 120 km 的新纪录。

(3) 数据通信领域。 总线级 DCN 以全新架构设计完成了以太、FC、IB 三网合一,实现超算网络、存储网络性能突破。持续构建下一代以太技术体系,模拟数字转换功能的实现,使成本降低了50%,检纠分离实现接口时延降低 70% 左右,柔性切片实现 n× 10 Mbit/s 颗粒度专线。

(4) 智能运维领域。 构建运维预训练基础模型,统一网元数据表征,解决运维烟囱式建模的痛点,在故障数据分析、根因定位、客诉问答、信令智能分析、变更辅助等多个下游任务上,相比原有单一模型提升显著。超大规模无线参数并行优化技术实现 5G 下行用户边缘率提升超过 10%。

(5) 云和计算领域。 面对异构计算跨芯片、跨服务器节点通信的性能和时延难题,重新定义计算集群通信总线技术架构,完成从芯片间到节点间互联标准的统一,实现毫秒级虚机热迁移,可大幅提升网络效率。发布业界首个异构计算集群软件平台,计算资源利用率提升超过 35%,在深度的大数据分析、检索等场景性能上提升超过 100%。

(6) 终端领域。 打造华为拍照 XMAGE 人像/夜景新体验,持续引领手机拍照技术创新。首创"双旋鹰翼"折叠转轴,突破高强度和成型平整性的材料难题,进一步降低折叠屏手机重量。扎根材料/工艺技术,打造超可靠昆仑玻璃,提升耐摔性能 10 倍以上,获全球首个瑞士 SGS 五星级玻璃耐摔权威认证。

(7) AI 算法领域。 基于昇腾、昇思和华为云,提出了具备查搜能力的模型库技术 ZooD,实现模型性能提升超过 30%。发布天筹 AI 求解器,满足多场景的复杂问题高维优化求解需求。首次实现生成模型的量化压缩,压缩率提高 10 倍以上且性能无损,并行蒸馏技术提升后,量化速度提升 100 倍以上,支撑华为云亿/百亿/千亿参数全精度模型的部署。

(8) 基础软件领域。 持续聚焦根技术投入,构筑产业根基。

通过操作系统微内核、存储、调度等架构创新,实现硬件资源利用效率显著提升。GaussDB 实现融合存储引擎、全密态和智能优化器的创新突破,在性能、安全、高可用上构建出差异化竞争力。在软件生态方面,持续开源开放,与全产业共建,openEuler、openGauss 等生态建设进入快车道,欧拉系生态新增装机量超过 300 万套,开发者数量超过 300 万个,合作伙伴超过 2 000 家;搭载 Harmony OS 的华为终端达到 3.3 亿台,鸿蒙生态开发者数量超过 200 万个,鸿蒙智联合作伙伴超过 2 300 家。

5)公司治理

华为始终坚持"以客户为中心、以奋斗者为本"的核心价值观,努力营造适应业务与人群多元化、奋斗进取、充满活力的组织氛围,致力于打造"围绕生产、促进生产"的最佳服务组织,持续优化公司的治理架构、组织、流程和考核机制,使公司长期保持有效增长。

(1)规章制度。1998 年,华为出台的《华为基本法》是中国企业在改革开放初期的第一部企业管理宪章,引领了中国企业的文化建设、机制建设、纲领性的愿景、使命建设实践。

(2)治理架构。华为管理层实行集体领导,遵循共同价值、责任聚焦、民主集中、分权制衡、自我批判原则,建立了完善的治理架构(见图 19),包括董事会、董事会下属专业委员会、职能部门以及各级管理团队等,各机构均有清晰的授权与明确的问责机制。股东会是华为的权力机构,对公司增资、利润分配、选举董事/监事等重大事项作出决策。自 2000 年起,华为聘用毕马威作为独立审计师。

华为享有选举权的持股员工"一股一票"选举产生持股员工代表会,持股员工代表会"一人一票"选举产生公司董事会、监事会。持股员工代表会及其选举产生的公司董事会、监事会对公司重大事项进行决策、管理和监督。

董事会是公司战略、经营管理和客户满意度的最高责任机构,承担带领公司前进的使命,行使公司战略与经营管理决策权,确保客户与股东的利益得到维护。公司董事会及董事会常务委员会由轮值董事长主持,轮值董事长在当值期间是公司最高领袖。

监事会是公司的最高监督机构,代表股东行使监督权,其基本职权体现在领袖管理、业务审视和战略前瞻三个方面。

（3）内部控制。华为基于组织架构和运作模式设计并实施内部控制（简称内控）体系,包括控制环境、风险评估、控制活动、信息与沟通、监督五大部分。

① **控制环境**。它是华为内控体系的基础。公司首席财务官（CFO）负责全公司内控管理,内控管理部

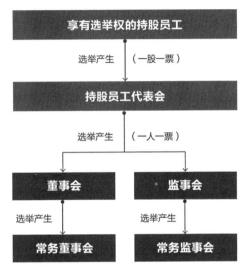

图19 华为治理架构图

门向CFO汇报内控缺陷和改进情况,协助CFO建设内控环境。内部审计部门对公司所有经营活动的控制状况进行独立的监督评价。

② **风险评估**。设立专门的内控与风险管理部门,定期开展针对全球所有业务流程的风险评估,对公司面临的重要风险进行识别、管理与监控,预测外部和内部环境变化对公司造成的潜在风险,并就公司整体的风险管理策略及应对方案提交公司决策。

③ **控制活动**。建立全球流程与业务变革管理体系,发布全球统一业务流程架构,基于业务流程架构任命全球流程责任人负责流程和内控的建设。

④ **信息与沟通**。设立多维度的信息与沟通渠道,及时获取来自客户、供应商等的外部信息,并建立公司内部信息的正式传递渠道,同时在内部网站上建立了所有员工可以自由沟通的心声社区。

⑤ **监督**。设立内部投诉渠道、调查机制、防腐机制与问责制度,内部审计部门对公司整体控制状况进行独立和客观的评价,并对违反商业行为

准则的经济责任行为进行调查,审计和调查结果报告给公司高级管理层和审计委员会。

(4)员工激励。华为坚持"责任结果导向"获取分享制,建立差异化激励机制。激励资源优先向一线倾斜,鼓励优秀员工多做贡献,鼓励员工到业务最需要、最具挑战性的岗位上去,更好地为客户创造价值。

3.6.2　比亚迪股份有限公司

比亚迪股份有限公司(以下简称比亚迪)于 1995 年成立于深圳,经过近 30 年的高速发展,已在全球设立 30 多个工业园,实现全球六大洲的战略布局。比亚迪坚持自主创新,成为掌握电池、电机、电控及芯片等新能源汽车全产业链核心技术的高新技术企业,其业务布局涵盖电子、汽车、新能源和轨道交通等领域,从能源获取、存储、应用等方面全方位构建零排放新能源整体解决方案。在 1995 年成立之初,比亚迪主要从事消费电子的镍镉电池生产,随后进入手机代工行业。2003 年,比亚迪收购西安秦川汽车进入汽车行业;2005 年,推出比亚迪 F3,获得了市场追捧;2014 年,比亚迪发布"5—4—2"战略,加速新能源汽车发展,并在全球各国投放新能源客车等产品;2020 年,比亚迪发布刀片电池和"汉",使其成为品牌高端化的基石。在全国新能源汽车发展浪潮中,比亚迪的"王朝网"和"海洋网"产品矩阵快速丰富,同时,DM-i 超级混动奠定了比亚迪在混动市场的领先地位。

1)行业趋势

新能源汽车为世界经济发展注入了新动能。当前,全球新一轮科技革命和产业变革蓬勃发展,汽车与能源、交通、信息通信等领域的有关技术加速融合,电动化、网联化、智能化成为汽车产业的发展潮流和趋势。新能源汽车融合新能源、新材料和互联网、大数据、人工智能等多种变革性技术,推动汽车从单纯的交通工具向移动智能终端、储能单元和数字空间转变,带动能源、交通、信息通信基础设施改造升级,促进能源消费结构优化、交通体系和城市运行智能化水平提升,对构建人类命运共同体具有重要意义。近年来,世界主要汽车大国纷纷加强战略谋划、加大政策支持,跨国汽车企业加大研发投入、完善产业布局,新能源汽车已成为全球汽车产业转型发展的主要方向和促进世界经济持续增长的重要引擎。

融合开放成为新能源汽车发展的新特征。新能源汽车产业生态正由零部件、整车研发生产及营销服务企业之间的"链式关系",逐步演变成汽车、能源、交通、信息通信等多领域、多主体参与的"网状生态"。相互赋能、协同发展成为各类市场主体发展壮大的内在需求,跨行业、跨领域融合创新和更加开放包容的国际合作成为新能源汽车产业发展的时代特征,极大地增强了产业发展动力,激发了市场活力,推动形成互融共生、合作共赢的产业发展新格局。

2）面临形势

当前,我国汽车行业面临诸多困难和挑战,芯片结构性短缺,原材料价格居高不下,汽车消费需求也受到压制。面对困难,相关部门出台了一系列政策,刺激汽车消费,且在全行业的共同努力下,汽车市场在逆境中复苏向好,展现出强大的韧性,尤其是新能源汽车持续爆发式增长。2022年,比亚迪全年销量达688.7万辆,同比增长93.4%,连续8年位居全球第一,全年渗透率达25.6%,同比大幅增加12.1个百分点,标志着中国新能源汽车已经进入全面市场拓展期。在二次充电电池领域,传统消费类电子产品需求显著减少,上游电池需求也受到影响;在储能领域,市场需求旺盛,行业发展迅速;在光伏领域,在"双碳"目标及全球能源转型的背景下,加上行业规模化发展推动,光伏需求爆发,带动产业发展进入快车道;在智能终端领域,全球智能手机行业持续低迷,笔记本电脑需求降幅明显,平板电脑出货量也轻微下跌。然而,随着5G及人工智能技术的应用和普及,巨大的应用前景将引领新型智能产品市场规模迅速增长。

3）经营状况

目前,比亚迪的主要业务包括新能源汽车、手机部件及组装业务、二次充电电池及光伏业务,且在积极拓展城市轨道交通业务领域。

2022年,比亚迪的营业收入达4 240.61亿元,手机部件、组装及其他业务占比为23.30%,汽车、汽车相关产品及其他业务占比为76.57%。2018—2022年的年报数据显示,比亚迪营业收入年均增长率约为34.38%,2022年的增长率高达96.20%,主要是因为新能源汽车的销量呈爆发式增长;同时,比亚迪 2019 年的营业收入出现了小幅下滑,究其原因是 2019 年汽车行业遭遇销量寒冬,具体如表 27 和图 20 所示。

表 27 2018—2022 年比亚迪营业收入及增长率变化

年 份	营业收入/亿元	增长率/%
2018	1 300.55	26.70
2019	1 277.39	−1.78
2020	1 565.98	22.59
2021	2 161.42	38.02
2022	4 240.61	96.20

资料来源:2018—2022 年比亚迪年报。

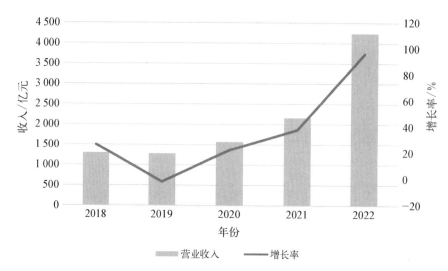

图 20 2018—2022 年比亚迪营业收入及增长率变化图

2018—2022 年的年报数据显示:比亚迪的产品以汽车、汽车相关产品及其他业务为主,且伴随新能源汽车的加速发展,汽车领域业务的占比整体呈上升趋势;手机部件、组装及其他业务领域的营业收入占比则呈先升后降的趋势,业务领域更趋向聚焦新能源汽车领域,具体如表 28 和图 21 所示。

表 28 2018—2022 年比亚迪业务结构(产品视角)

年 份	二次充电电池及光伏/%	手机部件、组装及其他/%	汽车、汽车相关产品及其他/%	其他业务/%	合计/%
2018	7.00	34.00	59.00	—	100.00
2019	8.00	43.00	49.00	—	100.00
2020	7.63	38.68	53.40	0.29	100.00
2021	7.29	40.49	51.90	0.32	100.00
2022	—	23.30	76.57	0.13	100.00

资料来源:2018—2022 年比亚迪年报。

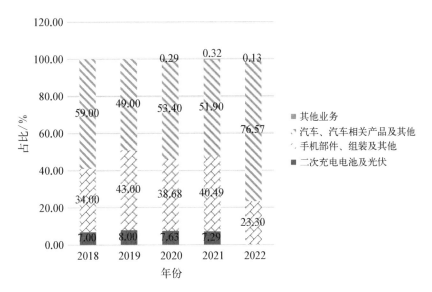

图 21 2018—2022 年比亚迪业务结构变化趋势图(产品视角)

从区域视角来看,比亚迪以中国市场为主。2022 年,比亚迪中国市场的业务占比高达 78.43%;2018—2022 年的年报数据显示,比亚迪的海外市场占比总体呈上升趋势,具体如表 29 和图 22 所示。

4)科技创新

比亚迪从 1995 年成立至今,一直秉承"技术为王、创新为本"的发展思想,经过多年的技术积累,其刀片电池、e平台3.0以及DM-i超级混动技术("三电"技术)在业内已经处于遥遥领先的地位,打造了实现技术、产品和市场全面爆发的核心竞争力,成为新能源汽车时代的领导者。

表29 2018—2022年比亚迪业务结构(区域视角)

年 份	国内(含港澳台地区)/%	国外/%	合计/%
2018	87	13	100
2019	84	16	100
2020	61.48	38.52	100
2021	70.43	29.57	100
2022	78.43	21.57	100

资料来源:2018—2022年比亚迪年报。

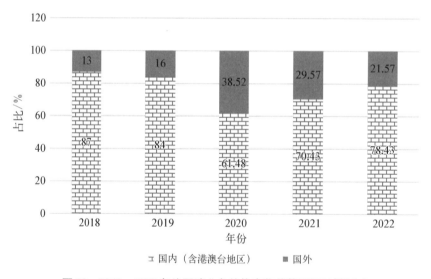

图22 2018—2022年比亚迪业务结构变化趋势图(区域视角)

2022年,比亚迪的研发投入费用为202.23亿元,占其全年营业收入的4.77%,低于深圳市(5.49%)的平均水平。2018—2022年,比亚迪的研发投入费用大幅增长,但是研发投入占营业收入的比重呈现下降趋势,主要原因是伴随着新能源汽车销量的爆发式上升,其营业收入增长率高于研发投入的增长率,具体如表30和图23所示。

表30　2018—2022年比亚迪科研投入变化趋势

年　份	研发经费投入/亿元	研发投入占营收的比重/%
2018	85.36	6.56
2019	84.21	6.59
2020	85.56	5.46
2021	106.27	4.92
2022	202.23	4.77

资料来源:2018—2022年比亚迪年报。

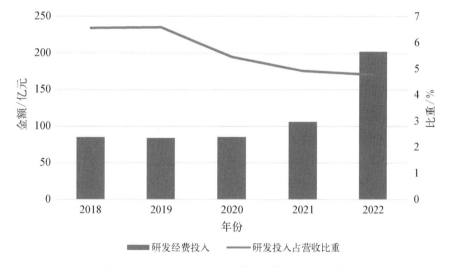

图23　2018—2022年比亚迪研发投入变化趋势图

5)经营特色

(1)自主研发的核心技术。比亚迪坚持核心技术自主研发,覆盖整车研发制造、三电系统、芯片等零部件研发制造等业务。弗迪研发系统负责动力电池、车用照明、汽车电子、动力总成和汽车模具等零部件的研发制造,比亚迪电子负责车载智能系统,比亚迪半导体负责汽车半导体等,完善了纯电动 e3.0 平台、EHS 混动技术、刀片电池、DiPilot、DiLink 等核心技术,均已实现整车搭载。比亚迪自主研制的 9 nm 车规级半导体芯片、刀片电池、e 平台 3.0 和 DM－i 混动系统等智能化硬件和软件,减少了我国高端芯片等核心汽车零部件对外部的依赖,奠定了智能化先发优势和产业链垂直一体化优势,不仅有利于巩固自身在整车市场的龙头地位,而且自主研发技术的供给还有利于扩大智能化技术的覆盖面,增强技术产品的市场领导力,推动品牌影响力踏上更高台阶。

(2) 富有远见的战略布局。比亚迪于 2008 年正式提出"太阳能、储能、电动车"三大绿色梦想,打通能源从吸收、存储到应用的全产业链绿色布局。此后 10 多年始终围绕该目标持续深耕,迎来光伏储能、新能源车和半导体的三大风口。同时,比亚迪曾对新能源汽车进行预判:① 未来的技术要考虑产品的安全性及社会资源承受度,没有安全性,新能源汽车全面普及将无从谈起;② 如果新能源汽车电池大量使用镍、钴等稀有金属,当材料无法稳定供应或燃油车全部被新能源车代替时,原材料供需矛盾将不可避免地出现。比亚迪坚持在安全与资源可获得性方面进行锲而不舍的研发,并依靠刀片电池推动整个动力电池产业的可持续发展。在 2021 年亚布力中国企业家论坛年会上,王传福介绍道:"掌握核心技术,制定精准战略,拥有快速决策能力,是比亚迪发展的三大法宝。"

(3) 开放合作的发展理念。比亚迪注重与外部厂商的合作,尤其是在电池技术与半导体等汽车零部件领域。目前,比亚迪向一汽红旗、北汽、长安、金康等企业供应刀片电池。弗迪电池的客户包括丰田、福特、长城、理想等企业;同时,小米、蔚来与比亚迪合作,采用比亚迪磷酸铁锂电池。比亚迪的功率半导体产品已进入小康汽车、宇通汽车、福田汽车、瑞凌股份、北京时代、英威腾、蓝海华腾、汇川技术等厂商供应体系。比亚迪就 DiLink 智能网联系统已与车家互联、华为 HiCar、网易云音乐、酷我音乐、哔哩哔哩、高德地图等达成合作,将涵盖远程智能家电控制、智能语音、导航、手机 App 互联、音乐、年轻群体的文娱社区平台等融入系统。此外,比亚迪与速腾聚创达、Momenta、歌尔丹、华为等达成了战略合作,共同开发并升级智能网联系统;整车企业可以直接采购整套比亚迪的 e 平台技术,比亚迪先后与长安、长城、广汽等国内自主品牌企业达成协议,共享比亚迪e平台核心技术。可见,比亚迪正在拓展上游供应商的角色内涵,进一步推动自身成为新能源汽车行业的领导者。

3.6.3　深圳迈瑞生物医药电子股份有限公司

深圳迈瑞生物医疗电子股份有限公司(以下简称迈瑞)创立于1991年,历经多年的发展,已成为全球领先的医疗器械以及解决方案供应商。其主要产品覆盖生命信息与支持、体外诊断以及医学影像三大领域,拥有国内同行业中最全的产品线,以安全、高效、易用"一站式"产品和IT解决方案满足临床需求。迈瑞总部设在中国深圳,在北美、欧洲、亚洲、非洲、拉美等地区的约40个国家设有51家境外子公司;在国内设有21家子公司、30余家分支机构;已建立起基于全球资源配置的研发创新平台,设有十大研发中心,分布在中国深圳、武汉、南京、北京、西安、成都,美国硅谷、新泽西、西雅图,以及欧洲,形成了庞大的全球化研发、营销及服务网络。

1) 行业特征

医疗器械行业与人类的生命健康息息相关,是医疗卫生体系建设的重要组成部分,具有较高的战略地位。同时,医疗器械行业是一个多学科交叉、技术密集型行业。其中,多学科交叉体现在其涉及高分子材料、生命科学、临床医学等多个学科;技术密集体现在其生产技术涉及医药、机械、材料等多领域技术的整合应用,是典型的高新科技产业。此外,因为医疗器械产品的知识产权涉及硬件、软件以及操作系统,且相关的专利权和著作权数量较多,所以,相比医药行业,医疗器械行业中企业专利到期不会使得企业销售收入和利润出现显著的、断崖式的下降,没有明显的"专利悬崖"现象,导致产品的生命周期较长。

2) 行业现状

自2020年以来,全球各国的医疗卫生体系均承受了巨大挑战,各国均已普遍意识到卫生体系的完善程度对国家政治和经济稳定的重要性,于是纷纷加大对医疗领域的投入。欧洲国家规划和实施了一系列医疗补短板举措,发展中国家暴露的医疗短板更加严重。我国为了提升传染病筛查和救治能力,从 2020 年 3 月起进入加大建设 ICU 病房、传染病医院、发热门诊等医疗"新基建"阶段;从 2021 年起,我国医疗投入大幅增加,以大型公立医院扩容为主导的医疗"新基建"工程席卷全国,从包括北、上、广、深在内的大城市逐渐拓展到其他城市;到 2022 年年底,随着防控措施的进一步优化,加强医疗资源建设的相关文件相继发布,催化医疗"新基建"进程进入"补短板、堵漏洞、强弱项"阶段。同时,5G、云计算、大数据、物联网、AI等技术高速发展,为智慧医疗提供了前沿科技支持,智慧医疗建设将迎来飞速发展。

当前,我国医疗器械行业面临机遇与挑战并存的局面。我国医疗器械行业面临着三大机遇:一是医疗保险支付制度改革和医疗"新基建"推动行业扩容,为医疗器械行业发展带来了政策机遇;二是人口老龄化推动全球医疗支出持续增长带来了历史机遇;三是人均可支配收入提高和基本医疗保险"全覆盖"推动医疗健康服务支付能力提升带来的新机遇。同时,我国医疗器械行业也面临着诸多挑战:一是国外市场准入壁垒;二是国内医疗器械企业普遍规模小、竞争力弱;三是医疗器械企业研发资金投入不足;四是医疗机构购买和使用国产医疗器械动力不足。

3) 经营状况

迈瑞始终以客户需求为导向,致力于为全球医疗机构提供优质产品和服务,主要从事生命信息与支持、体外诊断和医学影像三大领域医疗器械的研发、制造、营销及服务。基于三大业务领域持续提升的产品组合核心竞争优势和性价比优势,叠加全院级整体解决方案能力和"三瑞"智慧生态系统,迈瑞已经蜕变成为提升医疗机构整体诊疗能力的方案商。

在生命信息与支持领域,随着各主要产品的技术水平逐渐步入全球引领的阶段,基本实现了高端客户群的重大突破和品牌影响力的跨越式提升,预计迈瑞将在生命信息与支持领域持续发挥引领优势,带动其他业务加速发展,提升迈瑞作为全球领先的医疗器械供应商的竞争力和影响力。

在体外诊断领域,迈瑞加大研发投入力度。随着体外诊断产品线持续的技术积累和产品创新,迈瑞在该领域与进口品牌的差距将进一步缩小或追平,在某些临床应用和功能上将超越进口品牌,进一步扩大在国内市场上的竞争优势,同时加大国际市场的开拓力度和本地平台化能力建设,逐步建立品牌影响力。

在医学影像领域,迈瑞始终以临床客户需求为导向,开发完善妇产、心血管、麻醉、介入等临床解决方案,并通过在超高端超声领域的技术积累,实现海内外高端客户群的全面突破,加速国产化率和市场占有率的提升。

从产品视角来看,2022 年,迈瑞的生命信息与支持类、体外诊断类、医学影像类和其他类产品收入占比分别为 44.13%、33.77%、21.29% 和 0.77%,具体如表 31 和图 24 所示。可见,生命信息与支持类业务是迈瑞的支柱业务,将引领带动迈瑞整体业务结构不断调整优化,推动业务领域多元化发展。

表 31 2022 年迈瑞业务结构(产品视角)

业 务 领 域	收入/万元	占比/%
生命信息与支持产品	1 340 138.31	44.13
体外诊断产品	1 025 556.74	33.77
医学影像产品	646 375.91	21.29
其他产品	23 310.70	0.77
其他业务	1 182.73	0.04
合 计	3 036 564.38	100.00

资料来源:2022 年迈瑞年报。

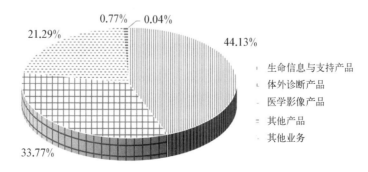

图 24 2022 年迈瑞业务结构图(产品视角)

　　迈瑞2018—2022年的年报数据显示：生命信息与技术类业务作为其引领产业，所占比重总体呈现上升趋势。近年来，迈瑞虽持续加大在体外诊断领域的研发投入力度，但与进口品牌仍存在差距，体外诊断类业务总体稳定；医学影像类技术缺乏竞争力，高端客户群的突破未达预期，总体呈现下滑趋势，具体如表32和图25所示。

表32　2018—2022年迈瑞业务结构变化趋势(产品视角)

年　份	生命信息与支持产品/%	体外诊断产品/%	医学影像产品/%	其他产品/%	其他业务/%	合计/%
2018	37.98	33.63	26.15	1.92	0.31	100.00
2019	39.20	35.12	24.40	1.07	0.22	100.00
2020	47.59	31.61	19.96	0.63	0.21	100.00
2021	44.14	33.43	21.47	0.91	0.05	100.00
2022	44.13	33.77	21.29	0.77	0.04	100.00

资料来源：2018—2022年迈瑞年报。

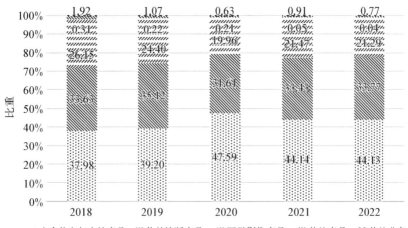

图25　2018—2022年迈瑞业务结构变化趋势图(产品视角)

从区域视角来看,2022 年迈瑞的境内和境外业务占比分别为 61.48% 和 38.52%,以境内市场为主。2018—2022 年的年报数据显示:受严峻外部环境和非市场因素的影响,迈瑞的境外业务所占比重整体呈下滑趋势,具体如表 33 和图 26 所示。

表 33 2018—2022 年迈瑞业务结构变化趋势(区域视角)

年　　份	境内/%	境外/%	合计/%
2018	56.69	43.31	100.00
2019	57.59	42.41	100.00
2020	52.84	47.16	100.00
2021	60.39	39.61	100.00
2022	61.48	38.52	100.00

资料来源:2018—2022 年迈瑞年报。

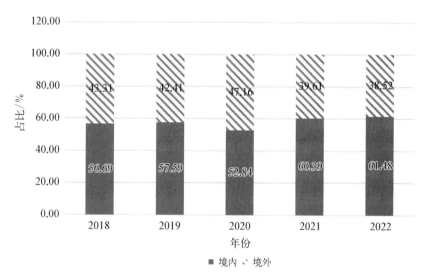

图 26 2018—2022 年迈瑞业务结构变化趋势图(区域视角)

此外,迈瑞在研发与生产端保持密切协同,以产品生命周期管理流程为核心,促进其研发、生产、营销等竞争优势进一步凸显,逐步形成五大核心竞争力。

专栏8

迈瑞的五大核心竞争力

一是卓越的体系化研发创新能力。 迈瑞采取自主研发模式，已建立起基于全球资源配置的研发创新平台，设有十大研发中心，分布在深圳、武汉、南京、北京、西安、成都，美国的硅谷、新泽西、西雅图，以及欧洲，共有3 927名研发工程师。同时，迈瑞通过医疗产品创新体系(MPI)建设，包括业务和产品规划流程、产品构思和用户需求管理流程、基于全面质量管理理念的产品开发流程、技术研究流程、产品平台建设流程和产品生命周期管理电子平台系统(PLM)的落实，系统性地保证了公司源源不断的创新动力，产品不断丰富，技术持续迭代，尤其是高端产品不断实现突破。2016年通过知识产权管理体系认证，迈瑞建立了良好的全球知识产权保护体系，为其产品在全球市场销售提供了良好的基础。截至2022年12月31日，迈瑞共计申请专利8 670件，其中，发明专利6 193件；共计授权专利3 976件，其中，发明专利授权1 847件。

二是先进的质量管理和智能制造体系。 迈瑞始终坚持产品质量标准，构建了高标准的质量管理体系，并持续优化管理职责、生产控制、纠正预防、设计控制等模块，使其产品成功打入欧美等发达国家市场。1995年，迈瑞成为行业内首批通过德国TÜV南德意志集团的ISO13485医疗器械质量管理体系认证的企业；2018年，迈瑞深圳总部通过了澳大利亚、巴西、加拿大、日本和美国五国联合推进的医疗器械单一审核方案(MDSAP)的质量体系审核；2021—2022年，迈瑞的多款产品通过了欧盟公告机构TÜV南德意志集团的MDR和IVDR CE扩证审核，已获取相应的证书。同时，迈瑞构建了高效智能制造体系，通过全生命周期的管理和电子平台，使制造基地通过智能化管控，在产品设计、工艺研发、加工制造、质量检测等流程上统一协调，实现研发和制造联动，让每个环节的管理可视化、标准化、可溯源,实现产品质量一致性和全程可追溯。

三是全球深度覆盖、专业服务的营销体系。截至 2022 年 12 月 31 日,迈瑞有营销人员 4 017 人,在国内超过 30 个省市区均设有分公司,在国外约 40 个国家拥有子公司,产品远销 190 多个国家及地区,已成为美国、英国、意大利、西班牙、德国、法国等国家的领先医疗机构的长期合作伙伴。迈瑞在北美拥有专业的直销团队,已与美国四大集团采购组织 Vizient、Premier、Intalere 和 HPG 合作,其项目覆盖北美近万家终端医疗机构。此外,迈瑞在美国还服务于近八成的 IDN 医联体客户,并与多家大型 IDN 医联体建立了长期合作关系,包括 HCA Healthcare、Kaiser Permanente、Tenet Healthcare、Christus Health 等。在欧洲,迈瑞采用"直销＋经销"销售模式,产品持续进入欧洲高端医疗集团、综合医院以及专科医院。在拉美等发展中国家,迈瑞采用以经销为主的销售模式,建立了完善的经销体系,其产品进入了多家综合性和专科类医院。

四是全方位、全时段、全过程售后服务体系。迈瑞持续向市场推出精良产品,了解客户的满意度,积极处理客户投诉,优化服务机制,保障客户信息安全;努力为客户提供安全、放心、创新的产品和服务,不断满足客户对医疗业务的需求。公司制定明确的售前支持流程,确保销售和后续服务交付工作的正常进行。借助业界领先的客户关系管理(CRM)平台、远程支持平台和数据监控中心对服务全过程进行管理,在合法合规的前提下,主动预防故障的发生,保证服务质量。通过全面的临床应用培训、设备维护及保养指导,迈瑞协助用户建立质控体系,保障设备高效运行;通过学术交流和高峰论坛,协助医护人员走在临床应用领域的最前沿;根据医院科室的实际需求以及医疗行业发展趋势提供科室业务运营咨询,提升医疗服务品牌影响力。迈瑞在境外设立了三级技术支持架构,其全球呼叫中心国际业务覆盖 22 个国家接受客户服务申告,100 余个驻地直属服务站点为客户提供现场服务和技术支持。

> **五是稳定、专业的管理团队。**秉承"普及高端科技,让更多人分享优质生命关怀"的使命,迈瑞在多年的发展过程中,形成了以"客户导向、以人为本、严谨务实、积极进取"为核心价值观的独具特色的企业文化。公司拥有稳定的、平均年龄低于 50 岁的核心管理层团队,其中多人在迈瑞多个岗位历练 10 年以上,积累了丰富的医疗器械行业研发、营销、生产、管理、并购等相关经验和卓越的国际化运营能力,对行业发展有深刻的认识。经过多年的创业发展,公司管理层基于企业的现实情况、行业发展趋势和市场需求,及时、有效地制定符合公司实际的发展战略,员工之间沟通顺畅、配合默契,对公司未来发展有着共同的、务实的追求,将继续带领公司朝着成为全球前二十大医疗器械公司的目标迈进。

4) 科技创新

一直以来,迈瑞保持高研发投入,推动技术持续迭代。2022 年,迈瑞的研发投入为 31.91 亿元,占其营业收入的 10.51%,高于深圳市(5.49%)和全国(2.55%)的平均水平。2018—2022 年,迈瑞的研发投入持续增长,研发投入强度维持在 10% 左右,具体如表 34 和图 27 所示。

表 34　2018—2022 年迈瑞研发投入变化趋势

年　份	研发投入金额/亿元	研发投入占营业收入比例/%
2018	14.20	10.33
2019	16.49	9.96
2020	20.96	9.97
2021	27.26	10.79
2022	31.91	10.51

资料来源:2018—2022 年迈瑞年报。

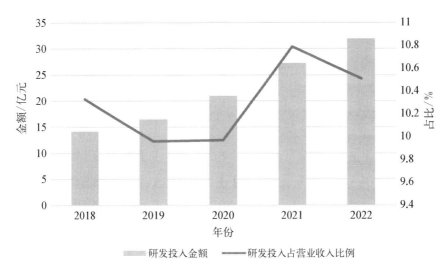

图 27　2018—2022 年迈瑞研发投入变化趋势图

未来,迈瑞的技术创新力度还将持续加大:一方面,以底层技术创新为引领,探索前沿科技,进入创新的深水区;另一方面,发挥迈瑞多产品、多产线的优势,通过融合创新,构建开放的、可生长的、智能化的生态系统,为医疗机构带来临床价值与管理价值。迈瑞采取自主研发模式,拥有两大创新原动力。

一是 MPI 医疗产品创新体系。该体系以客户导向为核心,从整个业务价值链出发,在产品设计阶段充分考虑供应链、制造、营销、服务各条线的需求,通过需求管理、产品规划、组合管理等,以保证开发的产品满足市场需求,使得客户导向和并行工程这两个核心思想在产品创新活动中不断延伸与纵深发展,并成为迈瑞自主研发的基石。一方面,不断深化市场驱动和客户导向的思想,在业务规划、产品构思和开发过程中加强对市场扫描和客户需求的重视程度,不断产生满足客户需求的"精品",并建设面向客户的 IT 管理平台,持续提升客户满意度。另一方面,着力开展产品创新过程中的并行工程,持续提升产品核心竞争力。

二是产学研深度融合。产学研合作是迈瑞技术创新的重要组织形式,已形成一种以企业为主导、以客户为导向的产学研一体化的合作模式,为快速产业化打下了坚实的基础。目前,迈瑞已与多所高校、科研机构、医院等建立了合作网络,包括清华大学、深圳大学、西安交通大学、中国科学院深圳先进技术研究院、深圳市人民医院等单位及机构。2020年,迈瑞与中国科学院深圳先进技术研究院等单位联合牵头组建成立的广东省高性能医疗器械创新中心,获工信部批复同意,升级为国家高性能医疗器械创新中心。截至2024年3月,该中心是全国组建的29个国家制造业创新中心之一,也是深圳首个国家制造业创新中心。

5) 现代管理

2022年,国际权威评级机构摩根士丹利资本国际公司(以下简称MSCI)公布了迈瑞医疗最新的 ESG[①] 评级结果——AA级。这是A股上市公司所获得的最高 ESG 等级评级,标志着迈瑞医疗迈向全球医疗器械行业企业 ESG 治理领先水平。同时,MSCI 相关人士表示,迈瑞医疗在社会和管治领域可持续发展实践推动了其评级提升,其在人力资源管理、产品质量保障和商业道德方面的实践处于行业领先地位。

一是现代化的治理理念。迈瑞坚持员工是实现公司可持续发展的核心力量,重点引进高端专家人才和高校优秀毕业生,打造多元化全球人才队伍。积极倡导多元、平等与包容的核心价值观,并动态更新升级管理制度与管理措施,推动多元文化建设。充分尊重不同国家和地区之间的文化差异,避免任何因年龄、性别、国籍、种族、肤色、宗教信仰等不同而产生的歧视和偏见,平等对待每一名员工,致力于为员工提供平等的机会和广阔的发展平台。

二是现代化的治理结构。迈瑞聘请律师列席股东大会,并对股东大会的召开和表决程序出具法律意见书,充分尊重和维护全体股东的合法权益。在人员、资产、业务、管理机构、财务核算体系上独立于控股股东和实际控制人,能够独立运作、独立经营、独立承担责任和风险,拥有独立完整的主营业务和自主经营能力。迈瑞董事会由9名董事组成,其中有4名独立董事,董事会下设战略与可持续发展委员会、提名委员会、薪酬与考核委员会和审计委员会。

---

① 环境、社会、治理绩效而非财务绩效的投资理念和企业评价标准,是当前全球资本市场广受关注和认可的 ESG 指数指标之一。

三是现代化的治理体系。迈瑞通过全面质量管理体系打通各个业务职能,覆盖研发、采购、生产、服务、销售、上市后的管理体系,为产品质量与安全保驾护航,在产品全生命周期的各个阶段开展风险管理,将风险管理与业务链各个环节进行系统融合,助力企业可持续发展。同时,迈瑞医疗始终倡导正直诚信经营,鼓励员工、供应商等各利益相关方通过多种渠道以公开或者匿名方式举报任何涉及公司的违法违纪行为,并坚决保护举报人的合法权益。

3.6.4　代表性企业分析结论

通过对代表性企业经营状况、技术创新和企业治理等进行梳理,可知 3 家企业因所属行业存在巨大差异,发展各具特色,主要表现在:华为作为信息与通信行业的领导者,是全国研发投入最高的科技龙头企业,正携手众多生态伙伴、开发者,共同绘制开放、包容、创新的产业生态新蓝图;比亚迪秉承"技术为王、创新为本"的发展思想,打造了实现技术、产品和市场全面爆发的核心竞争力,成为新能源汽车时代的领导者;迈瑞始终以客户需求为导向,致力于为全球医疗机构提供优质产品和服务,已成为全球领先的提升医疗机构整体诊疗能力的方案商。

同时,3 家代表性企业成功的共性是坚持技术创新与管理创新"双轮驱动"。

一是保持较高的研发投入。华为 2022 年的研发费用支出为 1 615 亿元人民币,占全年营收的 25.1%;比亚迪坚定核心技术自主研发,其 2022 年的研发投入为 202.23 亿元,占全年营收的 4.77%;迈瑞采取自主研发模式,其 2022 年的研发投入为 31.91 亿元,占其营业收入的 10.51%。

二是技术领域的领先地位。华为在移动通信、短距通信、编解码等多个主流标准专利领域居于领先地位,截至 2022 年年底,在全球共持有有效授权专利超过 12 万件。比亚迪自主研制的 9 nm 车规级半导体芯片、刀片电池、e 平台 3.0 和 DM-i 混动系统等智能化硬件和软件,减少了我国高端芯片等核心汽车零部件对外部的依赖,巩固了整车市场的龙头地位,增强了技术产品的市场领导力。迈瑞构建的医疗产品创新体系,成为自主研发的基石,持续增强了自身产品的核心竞争力。

三是采取现代化管理制度。华为始终坚持"以客户为中心、以奋斗者为本"的核心价值观,致力于打造"围绕生产、促进生产"的最佳服务组织,持续优化公司的治理架构、组织、流程和考核机制。比亚迪拥有"自主研发的核心技术、富有远见的战略布局、开放合作的发展理念"三大法宝。迈瑞于 2022 年获得 MSCI 公布的 ESG 评级结果——AA 级,是 A 股上市公司所获得的最高 ESG 等级评级,标志着迈瑞医疗迈向全球医疗器械行业企业 ESG 治理领先水平。

3.7 深圳先进制造业发展展望

3.7.1 先进制造业发展趋势

新一轮科技革命和产业变革深入发展,世界主要工业大国纷纷布局制造业,抢占竞争制高点,先进制造业发展呈现高端化、智能化、绿色化、集群化趋势,推动产业链重组、供应链重塑、价值链重构不断深化。

1)高技术制造业规模持续壮大

深圳实施产业基础再造工程,开展以产业需求为导向的技术攻关,提升基础核心零部件、关键基础材料、先进基础工艺、基础关键技术等研发创新能力,发展先进适用技术,推动制造业高端化发展。截至 2022 年年底,深圳累计建设各级重点实验室、工程技术研究中心、工程实验室、工程研究中心、企业技术研究中心等创新载体 3 223 家,技术创新载体不断壮大。2022 年,深圳市高技术制造业增加值比上年增长 2.8%,先进制造业增加值增长 3.9%,占规模以上工业增加值的比重分别为 60.6% 和 67.3%。高新技术产品出口持续增长,2022 年高新技术产品出口额达 17 569 093 万美元,5 年内增长了 27.0%。

2)全面开启智能制造的新时代

随着科技的发展,制造业正经历着巨大的变革。数字化、自动化和智能化是制造业未来的主要趋势,正推动着制造业迈进一个全新的时代。深圳作为国家新一代人工智能创新发展试验区,依托人工智能产业集聚效应将辐射带动制造业全面智能化发展。《深圳市加快推进供应链创新与发展三年行动计划(2023—2025 年)》明确提出,围绕先进制造业产业集群打造一批领先全国、比肩国际的供应链核心企业,形成 5 个以上千亿级、10 个以上百亿级产业垂直供应链协同企业,打造 20 个以上"深圳智造"自主国际知名品牌,推动深圳成为先进制造国际供应链资源要素配置中心。

3) 先进制造业绿色高质量发展

在"双碳"背景下,节能减排已成为社会和行业的共识,绿色制造成为制造业的新趋势。深圳深入实施绿色制造,出台了《深圳市工业和信息化局绿色制造试点示范管理暂行办法》,建立深圳绿色制造评价体系,打造工信领域绿色低碳发展的深圳样本。截至 2022 年,深圳累计创建国家级绿色工厂 79 家、绿色供应链 14 家、绿色园区 2 个、绿色产品 92 种、工业产品绿色设计示范企业 13 家。2022 年,深圳绿色低碳产业增加值达 1 730.62 亿元,同比增长 16.1%;其中,智能网联汽车(46.1%)、新能源(16.1%)两大产业集群增加值实现两位数增长,绿色低碳产业成为经济新增长点。

4) 先进制造业集群化趋势明显

制造业是实体经济的基础,也是科技创新的主战场。在复杂严峻的形势下,构建产业集群是制造业发展的重要方向,培育壮大产业集群和提升产业链韧性是重要发力点。深圳积极构建"产业园区+创新孵化器+产业基金+产业联盟"一体化推进模式,以全产业链共建产业生态,推动产业链上下游企业协同发展。2022 年,工信部公布了 45 个国家先进制造业集群名单,深圳市新一代信息通信集群、深圳市先进电池材料集群、深广高端医疗器械集群、广深佛莞智能装备集群等四大先进制造业集群入选,成为推动先进制造业高质量发展的重要载体。

3.7.2　先进制造业发展建议

为有效推动深圳加快建设全球领先的重要先进制造业中心,笔者探索提出如下对策建议。

1) 建设世界一流的先进制造业企业

充分发挥深圳"双区"驱动、"双区"叠加、"双改"示范效应,坚持以制造业为立市之本,加强与同行业国际先进企业对标,以破解关键核心技术"卡脖子"问题为核心,以科技、效率、人才、品牌为重点,勇攀"硬核科技"高峰,推进世界一流的先进制造业企业建设。进一步强化企业的市场主体地位,加快建设市场化、法治化、国际化的一流营商环境,全力支持制造业行业领军企业、产业链"链主"企业、单项冠军企业做强做大,着力培育一批具有强大规模优势和强大创新创造能力的全球行业领军企业。围绕企业全生命周期服务需求,积极推动制造业政策实施"菜单式"改革,构建供给侧与需求侧叠加互补的完整政策体系,破解企业发展难题,打造更多细分领域优势企业,着力提升先进制造业企业的核心竞争力、技术创新力和品牌影响力。

2) 打造世界级先进制造业产业集群

牢牢抓住新一轮科技革命和产业变革的重大机遇,大力发展智能制造、绿色制造、服务型制造,持续为优质制造业提供"低成本开发＋高质量建设＋准成本提供"优质产业空间,高水平打造二十大先进制造业园区,支持其与周边城市建设深度协作、高效配套、具有示范引领作用的"飞地园区"。以"20＋8"产业集群为牵引,着力在智能网联汽车、新能源、半导体与集成电路、超高清视频显示、智能终端、智能机器人、高端医疗器械、生物医药等重点领域纵深协同布局一批前沿重大项目,推动产业链上下游企业协同联动发展,打造大中小企业发展协同、产能共享、敏捷高效的产业生态,形成多赛道、矩阵式、集群化发展格局,提升产业链供应链的韧性和安全水平,打造具有全球竞争力、影响力的世界级先进制造业产业集群。

3) 构建现代化的先进制造业体系

以产业应用为导向,加快在通用大模型、智能算力芯片、量子计算等关键核心技术与产品上取得突破,推进"千行百业＋AI",深度赋能"20＋8"产业集群,打造"技术创新—市场应用—产业发展"闭环,形成以创新为引领的现代化制造业体系,打造自主安全、多元可控的产业链供应链。以智能工厂、智慧园区建设为抓手,深化数字化技术集成创新应用,赋能企业工艺再造、流程再造,全面提升产品全生命周期管理水平,优化制造业资源配置效率,推动先进制造业迈向价值链高端。以服务制造业高质量发展为导向,瞄准当前深圳制造业转型发展需求最迫切的重点领域,精准扩大服务业的有效供给,促进先进制造业与现代服务业通过业务衔接、链条延伸、技术渗透方式深度融合,重构制造业转型升级的服务产品供给体系,释放"两业"融合发展的强大合力。

4) 持续优化科技和产业创新生态

始终围绕产业链部署创新链,高标准建设一批制造业创新中心,构建以企业为主体、市场为导向、产学研相结合的创新体系,推动制造业产业链与创新链无缝衔接,深度融合发展。鼓励制造业企业与高校、科研机构、金融机构等协同创新,支持建立制造业创新联盟和创新联合体。优化金融支持制造业高质量发展政策保障,鼓励银行业金融机构创新金融工具和产品,降低企业融资成本。加大基础研究和应用基础研究投入力度,集聚力量进行原创性引领性科技攻关,增强自主创新能力。放宽科技、金融、医疗、教育、文化、交通等领域的准入门槛,开放绿色低碳、高端装备、智慧医疗等重点领域应用场景,支持企业新技术、新产品、新业态先行先试。构筑全域创新发展空间格局,共建广深港澳科技创新走廊,主动融入全球创新网络。

5) 持续推进区域协同与对外开放

以全球视野和更加积极主动的姿态,提升"引进来"的吸引力和"走出去"的竞争力,打造国内大循环、国内国际双循环最佳连接点,更好地服务和融入新发展格局。推进区域产业链整合、区域经济一体化发展,与广州研究共建先进制造业产业基地,联合打造先进制造业集群,强化深莞惠联动发展,推进产业深度对接,促进先进制造业集群发展。推进深港科技创新合作区建设,探索灵活高效、风险可控的跨境科技创新体制机制,打造国际一流中试转化服务平台,为粤港澳大湾区制造业高质量发展提供科技支撑。深化与港澳合作模式的创新,支持制造业企业以短期合作、项目入股等方式在港澳柔性引才。深度参与全球产业分工与合作,加强国际产业交流,支持企业联合新建或升级一批境外园区,深入推进第三方市场合作,积极拓展海外市场。

4

现代服务业

在不同发展阶段,经济增长的主导产业不同。根据一般规律,在工业化和城镇化快速发展阶段,工业特别是制造业是经济增长的主导产业。当工业化和城镇化基本完成后,对服务的需求持续增长,服务业成为经济增长的主导产业,尤其是现代服务业对经济发展和就业的贡献更加突出。一方面,随着工业部门的进一步发展,对生产性服务业的需求增加,包括研发和设计、管理咨询、交通运输服务等;另一方面,生活性服务业发展也需要大量服务业投入,包括信息通信、金融等。

4.1　现代服务业的界定与分类

4.1.1　现代服务业的概念界定

现代服务业是指伴随着信息技术和知识经济的发展而产生,利用现代科学技术和现代管理理念,推动生产性服务业向专业化和价值链高端延伸,推动生活性服务业向高品质和多样化升级,加强公益性基础性服务业发展所形成的,具有高技术含量、高人力资本含量、高附加价值等特征的经济活动。

4.1.2　现代服务业统计分类

根据《现代服务业统计分类(2023)》,现代服务业范围可确定为 8 个大类: ① 信息传输、软件和信息技术服务业;② 科学研究和技术服务业;③ 金融业;④ 现代物流服务业;⑤ 现代商贸服务业;⑥ 现代生活服务业;

⑦ 现代公共服务业;⑧ 融合发展服务业。详见附表 2。

4.2 现代服务业发展面临的形势

4.2.1 国际形势

随着信息技术和全球经济的不断发展,现代服务业已经成为经济增长的重要引擎,各国纷纷将加快发展现代服务业作为推动经济转型升级和高质量发展的重要举措。全球化与逆全球化交织推动国际格局演变,经济全球化进入新一轮规则调整期,服务业正在成为国际贸易规则的关注焦点。当前,全球治理体系和国际秩序变革加速推进,经贸合作与经济复苏的不确定性增加,主要国家加强产业链供应链本地化和区域化部署,对人才、资金、项目等要素的全球性流动产生了深刻影响。以人工智能、量子信息、移动通信、物联网、区块链为代表的新一代信息技术进入迭代突破和加速应用期,催生数字化发展新范式,给各国产业转型升级和服务业发展带来了新机遇。

4.2.2 国内环境

我国开启全面建设社会主义现代化国家新征程,经济长期向好,市场空间广阔,发展韧性强劲,提升服务业发展质量成为重要内容。同时,国内经济全面进入高质量发展新阶段,加快发展现代产业体系,推进制造强国、质量强国、网络强国、数字中国建设,提出"碳达峰碳中和"目标,为服务业加速数字化、融合化、绿色化发展提供了巨大的需求空间。积极推进现代服务业和先进制造业融合发展,为服务业发展提供更多的金融支持,鼓励外资更多投向高技术服务业,为生产性服务业和生活性服务业发展提供更多有针对性的政策支持,提高现代服务业的就业比重和产值比重,有利于提高产业附加值和国际竞争力,推动经济体系优化升级,构建新发展格局。深圳应充分发挥区位优势,优化国际服务要素资源配置,进一步提升现代服务业发展能级。

4.3 深圳现代服务业发展现状

近年来,深圳在以信息传输、软件和信息技术服务业、金融业、科学研究和技术服务业为代表的现代服务业发展方面同样取得了长足进步,表现为规模不断扩大,且在服务业中的占比不断提高。

4.3.1 现代服务业空间布局

根据《深圳市服务业发展"十四五"规划》,深圳正在构建"2＋3＋N"现代服务业产业格局,即"以两大国家级深港合作平台为引领的服务经济空间,福田中心区、南山滨海总部区、大空港现代服务业集聚区三大国际现代服务业枢纽,N个现代服务业试点示范产业园区"。

1) 两大国家级深港合作平台

(1) 前海深港现代服务业合作区。推进前海深港现代服务业合作区改革开放,拓展"前海模式",构建与香港接轨的现代服务业体制机制。深化国家金融业对外开放试验示范窗口和跨境人民币业务创新试验区建设,探索与港澳金融市场互联互通和金融产品互认,研究建立跨境金融创新监管"沙盒"机制。以数字贸易、服务贸易、离岸贸易为核心,推进对外贸易转型升级。加快建设现代海洋服务业集聚区,联手香港共建国际高端航运服务中心。依托深圳国际会展中心、前海国际会议中心,积极筹办国际性展会,打造国际会展之都核心区。加快集聚香港专业服务机构和人才,建设前海深港专业服务业集聚区。深入推进前海建设中国特色社会主义法治示范区,联动香港打造国际法律服务中心和国际商事争议解决中心。加快发展研发设计、创业孵化、科技咨询等科技服务。推动先进制造业与现代服务业融合,促进"互联网＋"、人工智能等新技术、新业态、新模式加快发展。加强深港影视合作,举办大型国际影视活动。

(2) 河套深港科技创新合作区。积极对接香港科研管理体制机制,创新科研、法律等管理制度,构建与国际离岸创新中心相适应的服务业发展环境,打造国际科研规则对接区和新兴产业标准规则示范区。聚焦科技创新服务体系建设,集聚国际一流创新资源,引进港澳高校优势团队力量,布局国际一流研究中心和国家重大科研平台,打造最具竞争力的中试和应用推广基地,大力引进国际标准化组织、科技孵化器、知识产权运营机构等新型服务机构。

2）三大国际现代服务业枢纽

（1）福田中心区。建设河套深港科技创新合作区、香蜜湖新金融中心、环中心公园活力圈,推动金融机构、总部企业、国际组织高度集聚,提高经济密度和辐射能级,建设集金融商务、政务服务、科技信息、高端消费、文化教育、国际交流于一体的具有全球影响力的现代服务经济中心城区。

（2）南山滨海总部区。高标准规划建设深圳湾超级总部基地、后海金融商务总部基地和留仙洞战略性新兴产业总部基地,实施更加开放的总部政策,吸引跨国公司、行业龙头企业和国际组织落户,拓展研发、销售、贸易、结算、数据等功能,发展高端商务、文化艺术等现代服务业,打造世界级的总部经济集聚高地。

（3）大空港现代服务业集聚区。依托会展海洋新城、空港枢纽新城,加快集聚发展会展、文旅、海洋、物流、商务、新一代信息技术等服务业,推动会展经济、海洋经济、数字经济、临空经济、枢纽经济深度融合发展,加快形成全球高端要素配置新高地,建设富有特色的现代服务业集聚区和产城融合的湾区城市会客厅。

3）N个现代服务业试点示范产业园区

推进金融、物流、文化、电子商务、软件信息、人力资源等领域试点示范产业园区建设,发挥示范引领和辐射带动作用。推动场景塑造、平台搭建、模式创新、开放合作和技术研发应用等创新示范,探索实行包容审慎的新兴产业市场准入和行业监管模式,大力培育发展新兴服务业。改造升级一批商务楼宇,推动科创、商贸、文化等服务业融合发展,加强土地和产业空间复合利用,集聚一批主业突出、国际竞争力强的服务业企业,推动形成集聚效应和品牌优势,做大做强特色主导产业。创新运用多种融资方式,加快布局新型基础设施,完善园区创新创业基础设施,优化园区配套服务环境。

专栏 9

深圳现代服务业试点示范产业园区

金融业：南山科技金融城、国际金融科技生态园、湾区国际金融科技城、金信金融科技产业园、罗湖金融科技产业园。

物流业：机场物流园区、深圳国际农产品物流园西区、深国际黎光物流园。

文化产业：南海意库、深圳国家动漫画产业基地、深圳大学城创意园、艺展中心、龙岗数字创意产业走廊、中国(深圳)新媒体广告产业园、中芬设计园、水贝万山珠宝文化产业园。

电子商务产业：福田国际电子商务产业园、华南城电子商务产业园。

软件和信息服务业：讯美科技广场、广兴源互联网创意园、罗湖人工智能产业园、罗湖智慧城市产业园、罗湖5G应用产业园。

人力资源服务业：南山人力资源服务产业园、前海国际人力资源服务产业园、罗湖区粤港澳大湾区人才创新园。

4.3.2　现代服务业发展成就

1）发展动能显著增强

2022年,深圳现代服务业增加值约为1.52万亿元,占GDP的比重达47.0%,比2012年提升9.2个百分点。2012—2022年,深圳现代服务业增加值由4 899.25亿元增加至15 228.95亿元,年均增长率约为12.0%,高于GDP的年均增长率(9.6%)。2022年,深圳信息传输、软件和信息技术服务业、金融业、科学研究和技术服务业的增加值约占GDP的30%;2013—2022年,深圳科学研究和技术服务业的增加值年均增长率约为10%,有力支撑了深圳经济的高质量发展。

2）发展质量持续提升

伴随着人工智能、云计算、大数据等新一代信息技术在服务业的广泛应用,共享出行、网红直播、互联网医疗、在线教育等新业态、新模式发展态势良好。2022 年,深圳现代服务业增加值约为 1.52 万亿元,占服务业增加值的比重提高到 76.3%,比 2012 年提升 8.3 个百分点。2012—2022 年,深圳现代服务业增加值由 4 899.25 亿元增加至 15 228.95 亿元,年均增长率约为 12.0%,高于服务业增加值的年均增长率(10.7%)。

3) 发展活力加速释放

国家服务业综合改革试点深入推进,市场准入门槛和制度交易成本大幅下降,服务业市场主体数量大幅增加,服务业已成为深圳市新增企业和吸引外商投资的主要领域。深圳市招商引资力度全面加大,实施产业链招商专项行动,2022 年新引进 315 个重大项目,签约金额达 8 790 亿元;金融业增加值达 5 138 亿元,增长了 8.2%,新增招商金控等持牌金融机构 11家,新增风投创投机构 67 家,深交所股票成交金额居亚洲第一、全球第三。

4) 发展格局日趋完善

服务业发展空间格局不断优化,中心城区集聚和重点区域极点带动引领效应初步显现。福田、罗湖中心区服务经济集聚效应持续增强,其服务业占 GDP 的比重均在 90% 以上。前海深港现代服务业合作区发展迈上新台阶,河套深港科技创新合作区建设全面启动,呈现“金融＋科技”突破引领的发展态势。深圳湾超级总部基地、后海金融商务总部基地、宝安中心区的总部企业加快集聚,全球资源配置功能不断增强。

4.3.3　现代服务业存在的问题

当前,世界进入动荡变革期,经济全球化遭遇逆流,对全球产业链乃至生产、生活方式均造成了重大影响,传统服务业遭受较大冲击。国际经贸新规则制定的焦点逐渐转向服务领域,服务投资贸易规则加快健全,将对全球服务业发展和国际分工格局产生深刻影响。我国经济发展不平衡、不充分的问题依然突出,服务业发展整体水平不高,产业创新能力和竞争力不强。深圳市服务业发展仍面临诸多矛盾和问题,体制机制改革仍需深化,制度型开放亟待加强;知识密集型服务业占比仍需提高,科技服务业规模较小,专业服务品牌影响力较弱;技术创新对服务业的驱动和支撑作用不足,服务业与制造业融合发展亟须深化。

4.3.4　现代服务业发展现状

新一轮科技革命和产业变革蓬勃兴起,国际分工发生了重大变化,既催生了新兴服务业态,又要求以新技术、新业态改造传统产业,向社会提供附加值高、技术性强、知识密集型的生产性服务和生活性服务。改革开放 40 多年来,深圳服务业快速发展,已经成为推动深圳经济发展的重要力量,提升城市服务功能的重要支撑,满足人民对美好生活向往的重要领域。近年来,深圳加快发展现代服务业,产业规模不断壮大,产业结构持续优化,正在构建"2＋3＋N"现代服务业产业格局,以推动深圳高质量发展。

1) 现代服务业总体状况

2022 年,深圳现代服务业增加值约为 1.52 万亿元,占服务业增加值的比重提高到 76.3％。2013—2022 年,深圳服务业增加值由 2013 年的 8 198.14 亿元增加至 2022 年的 20 142.32 亿元,年均增长率为 10.5％。其中,伴随着数字经济的快速发展,信息传输、软件和信息技术服务业的增加值占第三产业增加值的比重持续提高,由 2013 年的 9.84％增加至 2022 年的 18.21％,年均增长率约 8.0％;金融业作为深圳的四大支柱产业之一,其占第三产业的比重基本稳定在 24％左右;随着创新驱动发展战略的深入实施,科学研究和技术服务业的增加值占第三产业增加值的比重呈现上升趋势,具体如表 35 和图 28 所示。

鉴于历史原因,深圳未统计现代服务业 8 个大类细分领域的数据,本书采用服务业各细分领域的数据进行产业结构分析。2022 年,深圳金融业占服务业增加值的比重最大(24.47％),位居第二位的是信息传输、软件和信息技术服务业(18.15％),批发和零售业占服务业增加值的比重位居第三(13.80％),位居第四、第五、第六、第七位的分别是房地产业(13.70％)、租赁和商务服务业(6.75％)、交通运输、仓储和邮政业(4.41％)以及科学研究和技术服务业(4.29％),其他产业占服务业增加值的比重均低于 4.00％。同时,考虑到房地产业、租赁和商务服务业不属于现代服务业

表35　2013—2022年深圳服务业结构

占比/%

年份	批发和零售业	交通运输、仓储和邮政业	住宿和餐饮业	信息传输、软件和信息技术服务业	金融业	房地产业	租赁和商务服务业	科学研究和技术服务业	水利、环境和公共设施管理业	居民服务、修理和其他服务业	教育	卫生和社会工作	文化、体育和娱乐业	公共管理、社会保障和社会组织
2013	21.89	5.45	3.19	9.84	23.88	14.04	5.96	4.33	0.57	1.97	3.04	2.01	0.81	3.02
2014	20.75	5.27	3.32	10.19	24.28	13.92	6.05	4.36	0.53	2.07	3.33	2.09	0.76	3.07
2015	18.59	5.07	3.14	10.87	24.83	14.70	5.81	4.62	0.56	2.09	3.62	2.18	0.74	3.17
2016	17.42	5.11	2.89	12.22	24.47	14.62	5.52	4.32	0.51	2.08	4.14	2.47	0.81	3.41
2017	16.58	5.08	2.82	13.96	22.73	13.93	6.70	5.03	0.52	1.82	3.87	2.39	0.75	3.84
2018	16.02	4.85	2.73	14.76	22.01	14.25	7.23	4.93	0.48	1.95	3.91	2.36	0.78	3.75
2019	15.19	4.74	2.76	16.02	21.82	14.24	7.27	4.95	0.45	1.99	4.04	2.43	0.67	3.43
2020	13.78	4.19	2.13	17.02	24.44	14.33	6.67	4.83	0.38	1.81	4.09	2.47	0.52	3.32
2021	13.83	4.41	2.12	18.21	24.58	13.25	6.60	4.70	0.41	1.79	3.99	2.46	0.54	3.12
2022	13.80	4.41	2.04	18.15	24.47	13.70	6.75	4.29	0.32	1.79	3.92	3.02	0.47	2.68

资料来源：《深圳统计年鉴2023》。

范畴,批发和零售业不等同于现代商贸服务业,交通运输、仓储和邮政业与现代物流服务业存在差异,仅信息传输、软件和信息技术服务业,金融业,科学研究和技术服务业 3 个类别的增加值占服务业增加值的比重就达 46.91%,具体如图 29 和表 36 所示。

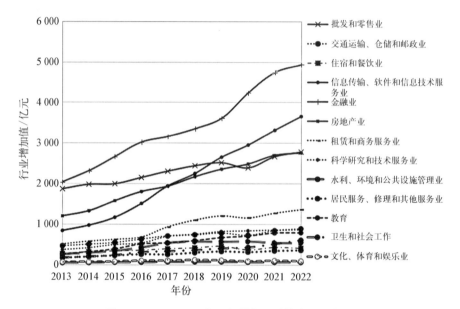

图 28　2013—2022 年深圳服务业结构变化趋势图

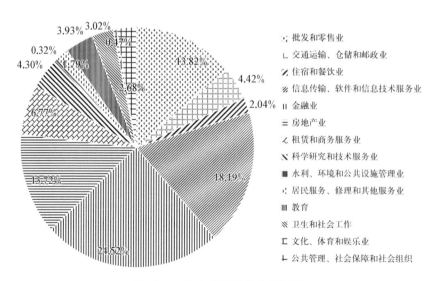

图 29　2022 年深圳服务业结构图

2）现代服务业趋势分析

近年来,深圳服务业发展提质升级,产业结构持续优化。2012—2022年的数据显示,深圳现代服务业增加值呈逐年递增趋势,年均增长率约为12.0%,其占服务业增加值的比重稳步提升,具体如表36和图30所示。

表36 深圳现代服务业增加值

年份	现代服务业增加值/亿元	占服务业增加值的比重/%	占GDP的比重/%
2012	4 899.25	68.0	37.8
2013	5 492.37	67.0	37.9
2014	6 201.06	67.6	38.8
2015	7 134.47	69.3	40.8
2016	8 278.31	70.2	42.5
2017	9 306.54	70.8	41.5
2018	10 090.59	70.9	41.7
2019	12 101.47	73.8	44.9
2020	13 084.35	76.1	47.3
2021	14 698.12	76.2	47.9
2022	15 228.95	76.3	47.0

资料来源:深圳市2012—2022年国民经济和社会发展统计公报。

2013—2022年,深圳信息传输、软件和信息技术服务业,金融业,科学研究和技术服务业,物流业4个类别的现代服务业增加值总和占服务业增加值的比重呈持续递增趋势,但物流业增加值占服务业增加值的比重出现小幅下滑,主要是由于物流效率越来越高,物流行业现代化水平越来越高,具体如表37和图31所示。

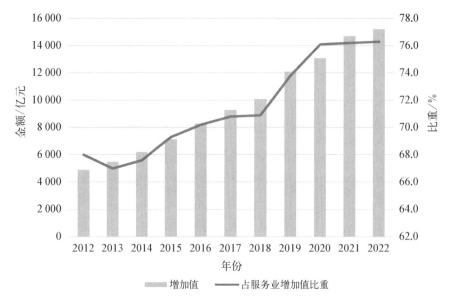

图 30　深圳现代服务业增加值变化趋势图

表 37　深圳 4 个现代服务业增加值占服务业增加值的比重

年　份	信息传输、软件和信息技术服务业/%	金融业/%	科学研究和技术服务业/%	物流业/%	合计/%
2013	9.84	23.88	4.33	17.63	55.68
2014	10.19	24.28	4.36	17.60	56.43
2015	10.87	24.83	4.62	17.32	57.64
2016	12.22	24.47	4.32	16.84	57.85
2017	13.96	22.73	5.03	17.31	59.03
2018	14.76	22.01	4.93	17.85	59.55
2019	16.02	21.82	4.95	16.70	59.49
2020	17.02	24.44	4.83	16.09	62.38
2021	18.21	24.58	4.46	15.98	63.23
2022	18.15	24.47	4.29	16.55	63.46

资料来源:《深圳统计年鉴 2023》和深圳市 2012—2022 年国民经济和社会发展统计公报。

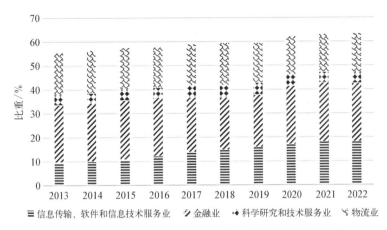

图31 4个现代服务业增加值占服务业增加值的比重趋势图

3）现代服务业发展重点

近年来,深圳抢抓"双区"驱动、"双区"叠加、"双区"示范、建设中国特色社会主义法治先行示范城市和粤港澳大湾区高水平人才高地等重大战略机遇,深度融入以国内大循环为主体、国内国际双循环相互促进的新发展格局,践行服务业高质量发展理念,深化服务业供给侧结构性改革,聚焦产业转型升级和居民消费升级需要,融入创新链、打通产业链、提升价值链,扩大服务业有效供给,提高服务效率和服务品质,着力构建支撑高质量发展的服务业新体系,把深圳建设成为具有全球影响力的服务经济中心城市。

一是持续完善产业体系。以服务制造业高质量发展为导向,大力发展信息服务、科技服务、金融服务、现代物流等生产性服务业,提高要素配置效率,增强全产业链优势,推动生产性服务业向专业化和价值链高端延伸。积极培育生活性服务业新业态、新模式,全面提升生活性服务业质量和效益,推动生活性服务业向高品质和多样化升级。

专栏10

深圳现代服务业产业体系发展

信息服务。前瞻布局数据智能基础设施,发展人工智能、大数据、区块链、云计算等新一代信息技术服务，推进"5G＋千行百业""AI＋千行百业"应用，推进未来城市场景应用和融合，建设国家数字经济创新发展试验区。

科技服务。围绕科技创新链拓展科技服务链，重点在研发设计、成果孵化、技术转移等方面提升服务能力，加快形成覆盖科技创新全过程的科技服务体系。

金融服务。突出金融创新核心功能，在人民币国际化、多层次资本市场建设等重大领域先行示范，推动构建与国际接轨的金融规则体系，打造全球金融创新中心。

现代物流。完善城市配送网络，加快发展智慧物流、保税物流、冷链物流，提升物流信息化、标准化、网络化水平。

现代商贸。鼓励运用现代信息技术，促进商旅文体等跨界融合，形成更多商贸新平台、新业态、新模式。加快构建与国际接轨的行业环境，推动法律服务、会计服务、会展服务、检验检测服务、人力资源服务等专业服务高层次发展。

现代生活服务。推进医疗服务领域供给侧结构性改革，提升健康产业服务能力与水平。鼓励发展基本生活照料、康复护理、精神慰藉、紧急救援、临终关怀等养老服务。发展数字文化产业和创意文化产业等"文化＋""互联网＋"新型业态，构建以质量型内涵式发展为特征的高水平现代文化产业体系。扩大旅游目的地优质供给，丰富旅游文化内涵和产品附加值，更好地满足高品质、多样化、多层次的旅游消费需求。构建高端体育赛事体系，广泛开展群众性体育活动，积极推广普及性广、关注度高的体育运动项目。加快建立诚实守信、服务优质、管理规范的家政服务体系。

现代公共服务。增强节能环保领域技术创新能力，支持开展节能咨询、评估、监测、审计、认证等服务，积极发展环境咨询、生态环境修复、环境风险与损害评价、环境审计等新兴服务。发展壮大教育培训供给主体，构建多元化、多层级的教育培训体系。

二是着力推进融合发展。发挥深圳创新创业优势,营造有利于服务业科技创新的良好环境,推动服务创新。顺应产业跨界融合发展趋势,促进服务业与制造业、服务业不同领域间的有机融合和协同发展,以产业融合赋予服务业新内涵和活力。

专栏11

深圳现代服务业融合发展

技术创新能力增强。加大对技术先进型服务企业支持力度,支持信息服务、金融服务、绿色环保等重点领域企业加大研发投入力度,提升原始创新能力。加快信息服务、商贸流通等服务业重点领域绿色转型。积极发展绿色消费,完善绿色产品认证与标识制度,鼓励绿色贷款、绿色股权、绿色债券、绿色保险、绿色基金等金融工具创新,发展高质量、高技术、高附加值的绿色产品贸易。积极发展"互联网+服务业",提升平台整合资源、对接供需、协同创新功能。积极发展共享医疗、共享教育等生活性共享服务。

制造业服务化发展。鼓励制造业企业发展定制化服务、供应链管理、全生命周期管理、总集成总承包、信息增值服务等新型服务型制造模式,培育发展一批服务型制造示范企业。面向行业提供专业化服务,由传统产品制造商向"产品+服务"综合服务商转型。推动先进制造、现代物流、电子信息等领域重点产业园区向"服务+制造"综合园区转型。鼓励有实力的企业探索深圳特色"母工厂模式",以母工厂作为研发设计、高端制造、工艺改进、人员培训的核心载体,将生产加工环节面向粤港澳大湾区优化布局。

服务向制造渗透。支持文化、物流等优势领域服务业企业发挥设计、渠道、网络等优势,介入制造业环节,实现服务内容可视化、实体化。推动工业设计服务与制造业深度融合,培育若干重点领域的国家级工业设计中心。发展面向制造业全过程的专业化检验检测认证服务提供商,提升检验检测认证服务能力。支持垂直电商平台以虚拟现实体验、线上直接参与等方式,围绕客户需求开展反向制造、个性化定制、3D可视化定制等服务。鼓励定制化电商和订阅制电商等新型电商平台的发展,培育新型电子商务领军企业。

服务业内部融合。培育一批餐饮、零售和文创深度融合的新型商业综合体,引入艺术展演、创意空间等文化业态,打造全球知名商圈。支持健康养老、医疗服务、旅游等服务业企业探索医养居深度融合的新型服务业态。支持金融业围绕供应链、文化、海洋等领域的需求,创新发展智慧供应链金融、文化金融、海洋金融。支持物流业企业强化资源整合,推动物流、贸易、金融、交易等业态集成融合。支持文创类企业加强与旅游、体育、商业、影视等领域跨界合作,大力发展文化旅游、文化体育等。

三是不断深化开放合作。推动粤港澳大湾区服务业开放合作,加强与其他区域服务业的合作交流,全面拓展服务业发展的战略纵深。推动服务业在更大范围、更宽领域、更深层次扩大开放,深度融入全球服务业分工体系,培育服务业国际竞争新优势。

专栏12

深圳扩大现代服务业对外开放

粤港澳大湾区现代服务业开放合作。推进深圳都市圈服务业一体化发展。强化广深服务业联动发展。深化深港澳服务业合作发展,推进服务业对港澳扩大开放先行先试,提升金融、法律等领域对港澳开放水平,加强文化、教育、医疗、环保等领域的交流合作。

推动现代服务业跨区域合作交流。积极开展跨区域服务业合作,加强与国家重要战略的对接联动,推动市场高效联通。支持深圳企业参与投资、建设和管理内陆城市经贸合作区和产业园,发挥深圳金融服务、信息服务、科技服务等现代服务业的辐射带动作用。

> **扩大现代服务业对外开放水平。** 深度参与"一带一路"建设，提高服务领域开放水平。全面实施市场准入负面清单制度，试点进一步放宽服务业准入限制。推动"单一窗口"功能由口岸通关执法向口岸物流、贸易服务等环节拓展。深化服务业领域对外投资合作。

4.4 深圳特色现代服务业分析

基于前文对深圳市服务业发展现状的分析，接下来将结合深圳现代服务业发展的实际，对信息传输、软件与信息技术服务业，金融业，科学研究和技术服务业三类现代服务业进行进一步分析；物流业作为深圳的四大支柱产业之一，将被纳入特色现代服务业进行分析；同时，深圳的现代时尚产业极具特色，本书也将对其展开进一步分析。

4.4.1 信息传输、软件与信息技术服务业

软件与信息服务产业是信息技术之魂、网络安全之盾、经济转型之擎、数字社会之基。随着人工智能、量子信息、移动通信、物联网等新一代信息技术的快速发展，信息技术与传统产业加速融合，数字经济蓬勃发展，作为信息社会数字底座的数据中心，它是各个行业信息系统运行的物理载体，在数字经济发展中扮演着至关重要的角色，且已成为推动社会发展的战略性基础设施。

1）产业发展现状

近年来，深圳软件与信息服务产业呈快速增长态势，产业规模位居全国大中城市前列。2022年，深圳的信息传输、软件与信息技术服务产业增加值达 3 656.22 亿元，其软件业务收入、软件业务出口、软件著作权登记量均居全国前列，且有 10 家深圳企业入选 2021 年度中国软件和信息技术服务竞争力百强企业，6 家企业入选 2021 年中国互联网企业综合实力百强

企业。深圳拥有人工智能与数字经济广东省实验室(深圳)等一批重大创新载体。

当前,传统产业数字化转型提速,为产业发展提供了广阔的市场空间。然而,深圳软件与信息服务业发展仍存在一些问题:一是产业核心环节还需提升,基础软件、工业软件等部分依赖进口;二是产业结构有待优化,"独角兽"、专精特新"小巨人"企业等中坚力量还需加快培育;三是专业人才培育力度有待加大,当前的人才培育力度还不能有效满足软件产业高质量发展的需要。

2)产业发展分析

近年来,深圳市高度重视软件产业发展,先后出台了《深圳市培育发展软件与信息服务产业集群行动计划(2022—2025 年)》和《深圳市人民政府关于推动软件产业高质量发展的若干措施》(深府规〔2022〕5 号)等推动软件产业高质量发展的系列政策文件。其中,《深圳市人民政府关于推动软件产业高质量发展的若干措施》在"产业重点发展方向""构建技术创新体系""优化布局软件产业发展空间""培育壮大市场主体""加大推广应用支持力度"等方面明确了具体扶持政策。根据深圳市统计局的数据,2020—2022 年,深圳市信息传输、软件和信息技术服务业增加值的增速分别为10.4%、10.7% 和 5.4%,均大幅高于 GDP 的增速。

2022 年,深圳信息传输、软件与信息技术服务产业的增加值为3 656.22 亿元,其占服务业的比重为 18.15%。2013—2021 年的统计数据显示,信息传输、软件与信息技术服务产业的增加值呈逐年递增趋势,年均增长率约为 18%;其占服务业的比重也呈现逐年递增趋势,具体如表 38 和图 32 所示。

表 38　2013—2022 年深圳信息传输、软件和信息技术服务业增加值

年　份	增加值/亿元	占服务业的比重/%
2013	840.56	9.84
2014	971.40	10.19

续　表

年　份	增加值/亿元	占服务业的比重/%
2015	1 165.29	10.87
2016	1 506.88	12.22
2017	1 940.55	13.96
2018	2 247.82	14.76
2019	2 650.49	16.02
2020	2 950.17	17.02
2021	3 511.64	18.21
2022	3 656.22	18.15

资料来源:《深圳统计年鉴 2023》。

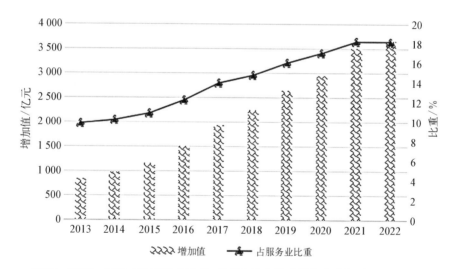

图 32　2013—2022 年深圳信息传输、软件和信息技术服务业增加值变化趋势图

3) 产业发展重点

为了加快发展软件与信息服务产业集群,深圳市于 2022 年发布了《深圳市培育发展软件与信息服务产业集群行动计划(2022—2025 年)》,并明确了重点任务。

专栏 13

深圳信息传输、软件与信息技术服务业发展重点

加快产业集聚发展。发挥产业优势和资源禀赋,形成核心技术突破、新兴技术创新、应用技术融合的区域发展路径,推动软件园区向特色化、专业化、高端化发展。瞄准产业链关键薄弱环节和新兴技术领域,引进培育一批具有自主知识产权的"独角兽"、专精特新"小巨人"企业。

聚焦产业生态创新。实施开源生态孵化工程、云创生态等构建工程,利用资源汇集和生态构建的协同共生效应,促进大数据、云计算、人工智能等新兴技术融合创新和可持续发展。构建开放共享的生态创新链,重点支持企业牵头、战略科研平台与高校院所支撑、各创新主体相互协同的创新联合体、制造业创新中心等。构建具备国际影响力的生态标准体系,鼓励生态主导型企业联合科研院所、行业组织等,加大基础共性标准、关键技术标准、应用示范标准的研制及推广。

提升创新引领能力。发挥企业的创新主体作用,培育国际一流、国内领先的优势核心技术突破和共性关键技术研发能力,聚焦网络与通信、智能终端、超高清视频显示、新能源、数字创意、海洋经济、半导体与集成电路等战略性新兴产业集群发展需要,提升基础软件、工业软件等核心软件研发创新能力。紧跟未来产业发展趋势,加快云计算、大数据、人工智能、区块链等新兴技术研发和产业化布局,在重点领域布局一批重点实验室、工程实验室、企业技术中心等,满足产业创新需求,努力在基础理论与核心技术原始创新上带头突破、重点提升。

全面激活应用场景。推动工业、服务业、智慧城市和数字政府等重点领域开放应用场景,形成场景供给多元态势。深化制造业数字化转型,围绕电子信息、汽车、先进装备、家电等重点行业,打造一批自主创新的工业软件应用示范标杆项目,提升制造业数字化、网络化、智能化水平。加快服务业数字化应用,鼓励企业运用数

字技术开展集成创新,发展具有"在线、智能、交互"特征的新业态、新模式。加快智慧城市和数字政府建设,加强政务服务、民生服务、社会治理等领域信息化平台和智能化解决方案的研发应用。围绕数字化转型需求,拓展集成商、平台服务商等主体的信息技术服务能力。

加强人才培育引进。发挥本地高校、职业院校、科研院所的带动牵引作用,加快软件学院及学科建设,探索具有深圳特色的软件人才产教融合培养路径。搭建全球软件人才流动服务平台,引进国内外软件高层次人才,争取更多软件人才享受深圳市人才政策。

培育公共服务体系。建设代码托管平台、低代码开发平台、算法超市、软件工具超市、软件适配测试中心等创新研发服务平台,提升产品推广、决策咨询、产学研合作、科技成果转化等产业公共服务能力。推进数据要素市场建设,推动建立数据交易平台,引导市场主体通过数据交易平台进行数据交易。支持企业、行业协会、产业联盟、高校、科研院所等积极承接或谋划具有国内外重大影响力的软件与信息服务高端展会论坛,提升在软件与信息服务领域的国际影响力。

4.4.2　金融业

金融是现代经济的核心,是国民经济的血脉,是国家核心竞争力的重要组成部分。随着全球化进程的不断深入和科技创新的不断加速,金融行业正呈现出前所未有的机遇和挑战,正在向智能化、数字化和服务化方向不断演进,新一代人工智能技术、大数据技术、区块链技术等新技术正在不断涌现,推动金融领域的创新和变革。

近年来,深圳紧紧围绕服务实体经济、防控金融风险、深化金融改革三项任务,推进"金融+"战略,不断完善金融市场体系,增强金融服务功能,加强金融监管治理,提升金融发展能级,着力打造全球创新资本形成中心、全球金融科技中心、全球可持续金融中心、国际财富管理中心,助力深圳建设有影响力的全球金融创新中心,为深圳加快建设先行示范区、更好地发挥在粤港澳大湾区中的核心引擎功能提供有力的金融支撑。

1) 产业发展现状

金融业是深圳的重要支柱产业,其整体发展水平居于全国前列,与北京、上海并列内地金融城市"第一梯队"。深圳市的统计数据显示,2022 年全年深圳金融业实现增加值 5 137.98 亿元,同比增长 8.2%,增速高于全国(5.6%)和广东省(7.8%)的平均水平,占同期 GDP 的比重达 15.9%。从细分领域看,在银行业领域,2022 年末深圳银行业资产总额达 12.2 万亿元,同比增长 8.5%,金融机构本外币存款余额达 12.34 万亿元,本外币贷款余额达 8.34 万亿元,分别同比增长 9.7% 和 8.0%,银行业总资产、存贷款规模均居全国大中城市第三位;在保险领域,2022 年末,深圳 27 家法人保险公司的总资产达 6.4 万亿元,居全国第二,全年深圳保险市场实现保费收入 1 527.7 亿元,同比增长 7.1%;在证券领域,深圳以 22 家证券公司、32 家基金公司(注册地口径)均位列上海之后,居全国第二,2022 年全年深圳证券公司实现营业收入 997.5 亿元,净利润 388.9 亿元,均居全国第一。

在稳健增长的同时,深圳金融业服务实体经济的能力也在持续增强。2022 年末,深圳市制造业贷款余额达 8 217.2 亿元,同比增长 15.9%,高于各项贷款增速 7.9 个百分点;科技型企业贷款余额达 8 354.68 亿元,同比增长 31.9%;普惠小微贷款余额达 1.5 万亿元,同比增长 23.8%,高于各项贷款增速 15.8 个百分点。

虽然深圳金融业发展取得了突出成绩,但与国际一流金融中心相比,与深圳建成现代化国际化创新型城市的要求相比,还存在一定差距。一是金融的体量、规模和国际化程度需进一步提升。深圳在市场规模、总部机构、资源聚集、开放程度等方面还有明显差距,金融业增加值只相当于北京、上海的约 60%,外资法人银行数量约为上海的 1/4、北京的 1/2,CFA 持证人才数量只有北京的 1/2、上海的 1/3。二是金融服务实体经济的能力需进一步增强。2020 年,深圳本土企业接受股权投资的金额只有北京的 1/3、上海的 1/2,民营经济和中小企业"融资难、融资贵"的问题仍然突出,中小微企业融资缺口仍然较大。三是金融改革创新力度需进一步加大。支持科技成果转移转化、新型基础设施建设、绿色低碳发展、海洋开发利用等新领域的专业金融机构、专门金融产品、专项金融服务等发展不足。

四是金融风险防范体系需进一步完善。互联网金融、私募基金等风险处置仍需要一个长期的过程;金融科技、地方金融控股公司、交叉金融业务等领域还存在一定的"盲区"。

2）产业发展分析

近年来,深圳金融业延续高速增长态势,主要金融指标稳中向好,且在重点领域实现新突破。在最新的"全球金融中心指数(GFCI)"排名中,深圳跻身第九位。深圳在具体措施上,除了高频高质加速金融运行监测调度外,一方面突出政策发力。《深圳市金融业高质量发展"十四五"规划》《深圳市金融科技专项发展规划》落地实施,支持金融企业、扶持金融科技、促进风投创投专项政策"三箭齐发";《关于加快建设深圳国际财富管理中心的意见》正式发布,供应链金融、私募证券等系统政策正抓紧制定中。另一方面,突出"双招双引"。深圳市引进中石化产融、招商金控等重点项目 19个,带动投资金额约 300 亿元,内外资私募基金 66 只,规模达 242 亿元。

2013—2022 年,深圳金融业增加值呈逐年递增趋势,年均增长率约为10.8%。2022 年,深圳金融业增加值占服务业增加值的比重为 24.47%;2013—2022 年,深圳金融业增加值占服务业的比重出现小幅波动,基本在20%～25%之间,具体如表 39 和图 33 所示。

表 39　深圳金融业增加值统计表

年　份	金融业增加值/亿元	占服务业的比重/%
2013	2 039.56	23.88
2014	2 315.01	24.28
2015	2 661.92	24.83
2016	3 017.55	24.47
2017	3 160.24	22.73
2018	3 351.89	22.01
2019	3 609.74	21.82
2020	4 236.26	24.44

续　表

年　份	金融业增加值/亿元	占服务业的比重/%
2021	4 738.81	24.58
2022	4 929.54	24.47

资料来源:《深圳统计年鉴 2022》和《深圳市 2022 年国民经济和社会发展统计公报》。

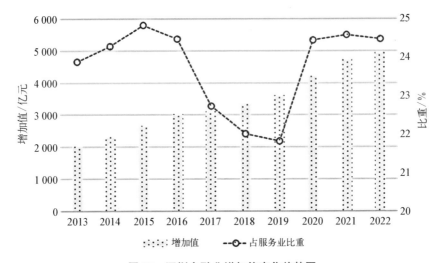

图 33　深圳金融业增加值变化趋势图

3) 产业发展重点

深圳为顺应新时期国内外经济环境的深刻变化,更好把握国家战略叠加的重大机遇,在更高起点、更高层次、更高目标上推进金融改革开放创新,努力对标国际一流水平,提升金融业的发展能级和竞争力,从而为深圳建成现代化国际化创新型城市、基本实现社会主义现代化提供有力支撑。深圳市于 2022 年发布的《深圳市金融业高质量发展"十四五"规划》,明确了深圳金融业的发展重点。

专栏 14

深圳金融业发展重点

全面深化改革扩大开放。以综合改革试点牵引战略战役性改革,扩大高水平金融对外开放,为全国金融业改革发展探索路径。一是先行先试推进人民币国际化,进一步拓展跨境人民币结算业务,扩大人民币在跨境投资中的适用范围,加快跨境人民币业务发展。二是试点深化外汇管理改革,以金融市场双向开放为重点,有序推动不可兑换项目开放,提高可兑换项目的便利化水平。三是促进与港澳金融市场的互联互通,优化深港通机制,扩大基金互认、ETF(交易所交易基金)互联互通范围。四是推进前海、河套等战略平台金融试验示范,提升国家金融业对外开放试验示范窗口和跨境人民币业务创新试验区功能。五是探索创新跨境金融监管,健全与港澳金融管理部门的沟通协调机制,探索在前海及深港科技创新合作区等率先试点跨境金融创新"沙盒监管"管理模式,建设金融创新监管试验区。六是在资本市场建设上先行先试,深入落实资本市场改革各项重点任务,深化创业板注册制改革试点,进一步提升创业板市场包容性和覆盖面。七是探索知识产权交易和知识产权证券化,加快建设全国性科技成果和知识产权交易中心,探索完善知识产权和科技成果产权市场化定价及交易机制,强化知识产权金融服务功能。八是开展数字货币研究与移动支付创新应用,推动设立金融科技创新平台,开展数字货币研究与移动支付等创新应用。九是推动构建与国际接轨的金融规则体系,先行先试推进金融法规和金融规则体系创新建设,加大高质量金融法规与制度供给。十是持续扩大金融业对外开放,全面实施准入前国民待遇加负面清单管理制度,争取金融业开放措施项目率先落地,全面提升金融开放水平。

提升金融资源配置功能。巩固提升创新资源集聚优势,充分发挥金融市场配置功能,支持深交所建设优质创新资本中心和世界一流交易所,加快建设国际风投创投中心,构建全面高效的创新创业金融服务体系。一是支持深交所建设优质创新资本中心,以注册制改革为契机加强资本市场创新,建设优质创新资本中心和世界一流交易所。二是加快建设国际风投创投中心，巩固先发优势，优化市场准入和发展环境，把深圳建成资源集聚、要素完备、创新活跃、环境一流的国际风投创投之都。

优化金融科技创新链条。 在依法合规、风险可控的前提下，打造国际一流金融科技创新生态圈，把深圳建设成为金融科技、应用、产业、人才、标准的高地，打造金融高质量发展的"新引擎"。一是推动金融科技创新，支持金融机构、科技企业和研究机构开展底层关键技术、前沿技术研发，在人工智能、大数据、区块链等新技术领域形成一批领先的知识产权和专利成果，打造国际金融科技前沿创新高地。二是培育金融科技龙头机构，完善金融科技产业孵化机制，加快培育金融科技龙头机构和产业链，打造金融科技产业高地。三是提升金融科技应用水平，支持区块链、大数据、人工智能等技术在金融客户营销、业务交易、金融监管等方面的推广应用。

加快集聚高端要素资源。 健全财富管理行业发展生态链，加快集聚机构、产品、资金、人才等高端要素，打造创新能力强、国际化水平高、生态体系较为完整完善的国际财富资产管理中心。一是引进培育财富管理机构，吸引银行理财子公司、证券资产管理公司、保险资产管理公司、信托公司、基金管理公司等财富管理机构及其专业子公司入驻深圳。二是创新财富管理产品服务，发展多元化财富管理业务，加强产品、服务、模式创新，加快向现代财富管理机构转型。三是大力发展跨境资管业务，推动深港澳在国际财富管理领域加强合作，有序扩大"跨境理财通"以及外商投资股权投资企业（QFLP）、合格境内投资者境外投资（QDIE）试点，拓宽居民跨境理财通道。

大力推进"金融十"战略。 探索金融支持科技创新、文化创意、海洋经济、民生保障等重点领域的有效途径和方式，构建金融有效支持实体经济的体制机制。一是深度融合"金融十科技"，聚焦"20十

8"产业集群发展,加强金融供需精准匹配,加快构建"基础研究＋技术攻关＋成果产业化＋科技金融＋人才支撑"全过程创新生态链。二是精准发力"金融＋制造",落实"制造强市"工作部署,加强对"高精尖"等先进制造业的专业化支持。三是积极推进"金融＋供应链",支持供应链核心企业发起或参股设立金融机构,开展供应链金融业务。四是加快布局"金融＋文化",推动金融机构结合深圳文创市场的实际需求,探索文化信贷、文化债券、文化基金、文化保险等文化金融产品。五是探索发展"金融＋海洋",加快设立国际海洋开发银行,助力深圳打造引领泛珠三角、辐射东南亚、服务于"一带一路"的海洋金融枢纽。六是创新发展"金融＋民生",引导金融机构加大对文化、教育、卫生、养老、交通、保障性住房等重点领域的金融支持。

4.4.3　科学研究和技术服务业

科学研究和技术服务业是现代服务业的重要组成部分,具有人才智力密集、科技含量高、产业附加值大、辐射带动作用强等特点。它主要指为从事科学研究和生产质量控制的企业、高校和研究机构提供科学服务和技术解决方案的服务性行业,对于研发机构提升研发效率、落地研究成果具有明显的推动作用,是保障各行各业研发成功的关键,对经济发展起到举足轻重的作用。

科学研究和技术服务业是提升国家创新能力和综合竞争力的直接推动力量,对各行各业的发展都具有重要的意义。当前,全球科技竞争日趋激烈,科技研发越来越受到重视,各国争相突破前沿领域关键技术,以求占据全球创新发展制高点。我国科学研究和技术服务业发展起步较晚,但随着国家政策对科技型企业自主创新的扶持,科学研究和技术服务业增加值与固定资产投资额都保持快速增长势头。2022年,深圳研究和试验发展经费(R&D)支持达到1 880.49亿元,科学研究和技术服务业增加值864.58

亿元。2022年9月20日,世界知识产权组织(WIPO)正式发布2023年版全球创新指数(GII),其中,"科技集群章节"所确定的全球顶级科技集群,中国成为拥有最多科技集群的国家,"深圳—香港—广州"再次排名全球科技集群第二,仅次于"东京—横滨"科技集群。

1) 产业发展现状

科学研究和技术服务业作为科技创新的核心,受益于政府、企业和科研机构研发费用的稳定增长。当前,世界科技竞争日趋激烈,科学和工程研究、商业化应用及智力成果转化愈加重要,促使全球研发费用近年来始终保持稳定增长,支撑科学研究和技术服务业市场规模维持稳定增长的趋势。从全球范围来看,科学研究和技术服务业最为集聚的地区均是经济发展环境优良和高新技术创新创业活动十分活跃的区域,且科学研究和技术服务业发展与区域经济增长形成了真正的良性互动机制。

近年来,深圳出台相关政策促进科学研究和技术服务业经济增长,并持续加大对科技型企业自主创新的扶持,科学研究支持经费的快速增长,带动科学研究和技术服务业的快速发展。2022年,深圳研究和试验发展经费支持达到1 880.49亿元,同比增长11.8%,近几年均保持两位数以上的增长,带动科学研究和技术服务业进一步扩容。近年来,深圳科学研究和技术服务业市场稳定增长,未来将不断催生新业态,其市场规模将持续增长。

2) 产业发展分析

科学研究和技术服务业作为新兴产业,以需求为导向的高新技术成为推动其发展的主要力量之一。2022年,深圳高技术制造业增加值比上年增长2.8%,占规模以上工业增加值的比重达到60.6%,高技术产业的不断壮大将推动科技服务业稳步发展。《关于促进深圳市科学研究和技术服务业经济稳增长的若干措施》(征求意见稿)明确了4项措施,以增强科学研究和技术服务业经济增长的内生动力,推动科技服务业专业化、规模化发展。

2022年,深圳科学研究和技术服务业增加值达864.58亿元,其占服务业的比重为4.29%。2013—2022年的统计数据显示,科学研究和技术服务业增加值呈逐年递增趋势,年均增长率约为10%;其占服务业的比重变化不大,基本稳定在 4.3%～5.0% 之间,具体如表 40 和图 34 所示。

表 40 深圳科学研究和技术服务业增加值统计表

年　份	增加值/亿元	占服务业的比重/%
2013	370.25	4.33
2014	416.22	4.36
2015	495.37	4.62
2016	532.70	4.32
2017	699.00	5.03
2018	749.93	4.93
2019	819.10	4.95
2020	837.63	4.83
2021	855.49	4.46
2022	864.58	4.29

资料来源:《深圳统计年鉴 2022》。

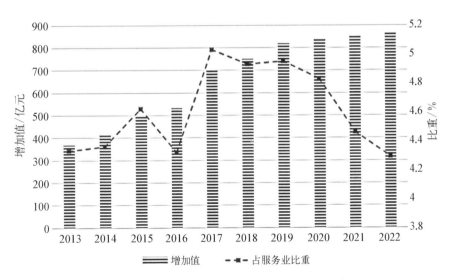

图 34 深圳科学研究和技术服务业增加值变化趋势图

3) 产业发展重点

近年来,深圳着力打造科技服务业集群,深化完善"基础研究＋技术攻关＋成果产业化＋科技金融＋人才支撑"全过程创新生态链,推动具有全球影响力的科技和产业创新高地建设。

专栏 15

深圳科学研究和技术服务业发展重点

壮大市场主体,挖掘发展潜力。 一是鼓励行业企业纳统入库,引进国内外知名科技服务类企业、高等院校和科研机构落户深圳或在深圳建立子公司、区域总部或功能性总部,引导本市大型企业加强科技服务业务,成立科技服务业专业公司,鼓励本市具有科技服务能力的团队或组织注册法人机构开展科技服务业务。二是激励高成长企业提质增效,支持在相关领域实力较强、创新优势突出、对产业链具有资源统筹和配置能力的规模以上科技服务业企业成为龙头企业,支持科技服务业企业开拓新业务、培育新业态、实施新模式,提升科技服务创新和产业发展的支撑能力,做大规模、做优结构、做强能级。三是培育中小企业规下转规上,对接近规模以上、新注册并有潜力达产升级为规模以上以及属于规模以下国家高新技术企业的科技服务业企业,加强企业入库培育、指导服务和动态运行监测工作。

优化行业结构,促进均衡发展。 一是做大研究和试验发展,支持研究和试验发展类企业联合高等院校、科研机构等单位,对接国家和省市重大战略、产业发展计划、科技发展需求,聚焦生物医药、工程设计、工业设计、城市安全等领域的重点发展方向,开展前沿性、关键性、共性科技研发和产业化应用研究,着力构建"应用研究—技术开发—产业化应用—企业孵化"一体化科技创新研发链。二是做强专业技术服务业,引进国内外一流的设计组织和设计机构在深圳设立设计中心或分支机构;围绕"20＋8"产业布局、30 个总部集聚区和安全、环保等重点民生领域,补齐检测能力短板,优化检验检测行业发展环境;推进前沿领域检测技术研究,提升检测行业数字化发展水平,加大检测行业品牌建设力度,推动检测行业集聚化发展。三是做专科技推广和应用服务业,提升知识产权服务机构专业运营能力,鼓励发展知识产权评估、价值分析、交易、转化、投融资、运营、托管、商用化、咨询等高附加值服务,培育一批技术成果交易机构,提升技术转移服务能力,推动国际研发成果的联合孵化和产业化,强化在智能建造、新能源、新材料等前沿技术领域的国际技术转移合作。

提升技术水平,强化创新能力。一是建设高水平科技创新载体,支持科技服务业企业联合高等院校、科研机构等建立并完善重点实验室、工程研究中心、技术创新中心、企业技术中心、中小试熟化基地等创新载体。二是鼓励申报高新技术企业,鼓励科技服务业企业加大科研投入,提升自主创新能力,积极申报国家高新技术企业。三是支持企业服务创新示范带动,鼓励科技服务业企业提高技术服务效率,围绕研发设计、信息资源、文化科技融合、科技中介、科技金融、检验检测和综合科技服务等领域开展具有引领、示范、带动、辐射作用的科技服务创新应用项目。四是鼓励企业积极申报科技奖项,支持科技服务业企业联合高校、科研机构等开展多种形式的应用研究和试验发展活动,积极申报各类科技奖项。五是培育引进科技服务创新人才,鼓励科技服务业企事业单位通过各类产学研对接活动积极引进高精尖人才。

4.4.4 物流业

物流既是经济社会发展的"先行官",也是研判宏观经济运行的"晴雨表",更是经济发展的"大动脉"。当前,经济全球化、信息化和网络化已成为趋势,现代物流已成为发达国家和发展中国家货物全球化生产、网络化配销的一项重要增值服务。现代物流一头连着生产,一头连着消费,高度集成并融合运输、仓储、分拨、配送、信息等服务功能,是延伸产业链、提升价值链、打造供应链的重要支撑,在构建现代流通体系、促进形成强大国内市场、推动高质量发展、建设现代化经济体系中发挥着先导性、基础性、战略性作用。

深圳是我国首个将现代物流业作为支柱产业的城市,出台了国内第一部物流业规划,也是我国物流供应链管理行业的发源地,创造了全国物流领域的多项第一。2022年,深圳物流业增加值达3 302.23亿元,占深圳地区生产总值的比重约为10.2%,物流业仍是深圳市当前经济持续高速发展的重要引擎。

1)产业发展现状

在大湾区强大制造业的支撑下,深圳作为我国重要的港口城市、全国性物流节点城市、全国首批综合运输服务示范城市、首批国家现代物流创新发展试点城市,现代物流业已成为其经济发展的支柱产业之一,深圳现代物流业增加值多年全国领先。2020年,深圳开通了"湾区号"中欧班列,目前已覆盖41个国家,为4 000多家企业提供国际物流服务,形成了贯通欧亚大陆的国际运输大动脉,助力稳定国际产业链、供应链,推动深圳加快建设具有全球重要影响力的物流中心。2022年,同济大学中国交通研究院等牵头发布了《中国城市物流竞争力报告(2021)》,从城市物流吸引力和城市物流辐射力等多个维度,对国内主要城市的物流竞争力进行量化评价。在这份榜单中,深圳位列第二,仅次于上海,排名较上一年再进一步。

然而,深圳现代物流业发展依然面临诸多问题。一是专业性人才缺乏。深圳物流人才的培养多数都还是基于传统物流模式,人才的专业知识以及实践能力一般,在运营及管理创新等方面都与以美国为代表的发达国家的人才存在明显的差距,难以适应当前现代化物流发展的需求。二是物流企业整体竞争力不强。与国际物流企业相比,深圳市物流企业主要还是以中小型企业为主,且整体物流规划能力不足,在基础设施建设、经营管理等方面还有待提升。三是现代物流体系效率不高。深圳现代物流运输以陆路运输为主,车辆过多导致陆路运输效率低下、成本较高,且运送特殊货物的专用车辆空置率较高,与发达国家在物流效率方面仍存在一定差距。

2) 产业发展分析

近年来,深圳先后入选商贸服务型、空港型、港口型国家物流枢纽建设名单。2019 年 3 月,深圳获批深圳商贸服务型国家物流枢纽;2020 年 10 月,深圳入选空港型国家物流枢纽建设名单;2021 年 11 月,国家发展改革委发布"十四五"首批国家物流枢纽建设名单,深圳市港口型国家枢纽成功获批。2022 年,深圳出台了《深圳综合交通"十四五"规划》,明确在"十四五"期间建设高效集约的全球性物流枢纽城市,形成 3 个国家物流枢纽合力共筑的"海、陆、空"高效集约的国家物流枢纽体系。同时,《深圳市现代物流基础设施体系建设策略(2021—2035)及近期行动方案》明确,以提质、降本、增效为导向,围绕建设多层次、多模式、多功能、多业态的全球物流枢纽城市的总定位,着力打造全球供应链管理服务中心、国际物流转运中心、全国物流创新应用中心 3 个中心,明确五大重点建设领域:建设全球性综合物流枢纽,创新物流基础设施体系建设模式,推动物流基础设施体系高效运行,打造专业化高效物流服务网络,完善物流基础设施体系保障措施。

2022 年,深圳物流业增加值达 3 302.23 亿元,比上年增长 4.0%。2013—2022 年,深圳物流业增加值呈逐年递增趋势,年均增长率约为 9.6%。2022 年,深圳物流业增加值占服务业增加值的比重约为 16.5%,其占服务业的比重出现小幅下降,从 2013 年的 17.6% 降至 2022 年的 16.5%,主要原因是物流效率越来越高,物流行业现代化水平越来越高,具体如表 41 和图 35 所示。

表 41　深圳物流业增加值统计表

年　份	增加值/亿元	占服务业增加值的比重/%
2013	1 445.62	17.6
2014	1 614.18	17.6
2015	1 782.70	17.3

续　表

年　份	增加值/亿元	占服务业增加值的比重/%
2016	1 984.50	16.8
2017	2 276.39	17.3
2018	2 541.58	17.9
2019	2 739.82	16.7
2020	2 766.67	16.1
2021	3 083.45	16.0
2022	3 302.23	16.5

资料来源：深圳市 2013—2022 年国民经济和社会发展统计公报。

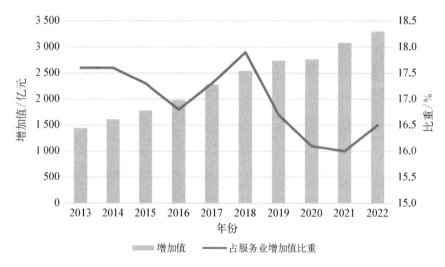

图 35　深圳物流业增加值变化趋势图

3）产业发展重点

近年来，深圳着力推动空港型、商贸服务型、港口型国家物流枢纽建设，推进"对外物流枢纽＋城市物流转运中心＋社区物流配送站"三级物流枢纽场站体系布局建设，打造联通全球、辐射全国、覆盖湾区的物流通道网络，建成高效集约的全球物流枢纽城市。

专栏16

深圳物流业发展重点

打造全市三级物流枢纽体系。一是依托港口、机场、铁路等货运设施建设七大对外物流枢纽,构建服务国内国际双循环的物流枢纽体系,支撑深圳战略性新兴产业和商贸服务业建立发展优势。二是推进城市物流转运中心体系有序落地,完善物流转运中心布局,有序推进30处物流转运中心落地建设。三是灵活布设多样化城市末端配送站点,形成城市配送站、快递派送站、小型集中仓储区、邮政末端公共服务网点等多样化的末端配送节点体系,解决办公、商业及社区等配送终端服务瓶颈。

提升国内国际物流服务功能。一是完善航空货运骨干航线网络,形成以宝安国际机场、平潭机场为枢纽的通达国内、连接全球的货运通道网络,积极推进"快递出海",提升覆盖全球主要国家和地区的国际货运能力。二是拓展国际铁路物流新通道,加密深圳至德国、匈牙利既有中欧班列开行列次,推动开通深圳至英国伦敦、老挝万象等国际班列,提升面向"一带一路"的辐射能级,探索构建连接东盟、中亚海陆联运新通道,开通海铁联运客户定制专列。三是健全国内高等级物流货运通道体系,依托广深港、厦深、广深铁路,推动电商班列和邮件快件常态化运输,形成稳定便捷的邮件快件铁路运输通道,加快既有铁路货站现代化改造,推进华北、华东等长距离公路物流向铁路物流转移。四是推动物流集疏运体系集约化发展,统筹推进多式联运示范工程,完善海铁、公铁、水水、空陆等联运设施,提升物流枢纽、城市转运中心与高快速路网衔接效率,形成高效便捷的物流集疏运网络。

推动邮政快递绿色智慧升级。一是推进智慧化物流、标准化管理先行示范,鼓励物流资源共通共用共享,加大城市共同配送力度,推广共享托盘、统仓共配、智能调度等高效运力组织模式,支持智能快件箱等末端设施布局建设,发展物流"无接触"配送等新模式。二是打造高效便捷、个性化邮政快递服务品质样板,鼓励邮政快递企业提供自助下单、全程跟踪查询、服务咨询、电子支付、产业互联等个性化、多样化、定制化服务功能,通过互联网实现与消费者的多渠道、全天候互动,提升用户体验。三是建设邮政物流创新发展引领区,推进邮政物流业创新发展,吸引行业创新资源汇聚,支持城市配送、邮政快递企业加大技术、设备和运营模式创新力度,加强全产业链创新和智能化改造,拓展前海保税港区国际邮政快递服务功能。四是持续打造绿色配送、绿色快递的城市典范,推进绿色货运配送示范城市建设,积极规划构建绿色货运配送网络,加大纯电动货车充电设施建设力度。

促进物流业态模式创新发展。一是打造高品质冷链物流服务体系,提升冷链物流数字化水平,实现冷链信息全程透明化和可追溯化,探索开展冷链共同配送、"生鲜电商+冷链宅配"等新模式。二是促进物流业与制造业深度融合创新发展,支持物流企业与制造企业通过市场化方式创新供应链协同共建模式,鼓励和引导物流企业与电子信息、生物医药等高端制造业企业在全球范围内加强战略协同,抱团拓展海外市场。三是创新物流基础设施开发运营模式,推动物流用地开发模式创新,开展集物流核心功能、商贸展示和交易、企业办公、生产配套等多业态于一体的物流综合体工程试点,鼓励物流仓储设施规模化、复合化、一体化、集约化发展。四是持续优化物流与供应链行业发展环境,推动企业做大做好、行业做精做强,提高对成长型物流企业、供应链服务企业的支持力度,鼓励国内外企业供应链管理总部、交易中心、结算中心、信息中心落户深圳,研究配套支持政策。

4.4.5 现代时尚产业

现代时尚产业是以创意、设计、创新、品牌为核心的都市型产业,融合文化、科技、艺术等要素,具有创意设计性强、市场影响力大、产业附加值高等特征。深圳现代时尚产业主要包括服装、家具、黄金珠宝、钟表、皮革、眼镜、化妆品、工艺美术等产业和工业设计、品牌营销等服务业及会展业。

近年来,深圳高度重视现代时尚产业发展,将现代时尚产业列入"20+8"战略性新兴产业集群,持续推动深圳时尚产业高端化、数字化、品牌化发展。鉴于现代时尚产业无单独的统计数据,本章仅对现代时尚产业进行定性分析,定量分析详见战略性新兴产业中的数字与时尚产业部分。

1) 产业发展现状

深圳是国内行业门类齐全、原创品牌集中、产业配套完善、规模集聚效应显著的时尚产业基地之一。2022年,深圳现代时尚产业增加值达390.26亿元。深圳服装产业的品牌数量、市场占有率、上市企业数量均居全国引领地位。"深圳时装周"已成为国内三大时装周之一,成为彰显城市产业实力和时尚魅力的名片。此外,深圳的家具产业在产品设计、加工工艺方面处于国内领先水平;其黄金珠宝产业全年黄金提货量占上海黄金交易所的70%;其钟表产业的产量占全球手表产量的40%;其皮革产业占据国内鞋包产业的品牌头部地位;其眼镜产业的产量约占全球中高端眼镜的50%;其会展业年办展总面积超过500万平方米,展览规模排全国第四。

粤港澳大湾区和深圳先行示范区赋予深圳建设具有全球影响力的创新创业创意之都和国际会展之都,为现代时尚产业发展提供了历史机遇。然而,深圳现代时尚产业发展仍然面临一些问题:一是深圳品牌的国际化水平和全球知名度有待进一步提高;二是原创设计能力和知识产权保护有待提升;三是时尚产业与新一代信息技术融合深度不够;四是缺乏具有国际影响力的设计人才、时尚科技人才、品牌管理人才、工艺大师和技能工匠等;五是展会品牌化和国际化程度偏低,缺少国际知名的会展集团和专业服务商,展会的国际影响力不足。

2) 产业发展重点

为加快发展现代时尚产业集群,建设具有全球影响力的创新创业创意之都,深圳相继出台了《深圳市培育发展现代时尚产业集群行动计划（2022—2025年）》和《深圳市现代时尚产业集群数字化转型实施方案（2023—2025年）》,明确了重点任务。

专栏 17

深圳现代时尚产业发展重点

现代时尚产业集群数字化转型。构建"深圳市现代时尚产业集群数字化转型赋能中心＋产业集聚区、行业数字化服务平台"的"1＋N"数字化创新体系。依托成熟的数字化转型服务商,在时尚产业推动应用一批可复制、可推广的数字化解决方案,加速推进时尚产业设计过程、生产方式、商业运营、消费模式的全面变革,建设深圳市现代时尚产业集群数字化转型赋能中心。充分发挥水贝黄金珠宝基地、大浪时尚小镇、光明时尚谷、横岗眼镜城等产业集聚区的资源优势,建设集数字化服务平台、工业设计赋能中心、线上直播展销中心、产品体验中心等于一体的综合性公共服务平台。构建共生、共创、共享数字生态,提升产业链供应链协同创新水平,推动上下游产业集群发展,促进全行业、全产业链、全生命周期数字化转型。

加强核心技术研究。鼓励时尚产业企业申请高新技术企业和专精特新"小巨人"企业,建设重点实验室、工程中心、企业技术中心、工业设计中心等创新载体。支持企业与高校、科研机构合作,加强技术创新,在钟表机芯、服装面料等制约产业高质量发展的关键技术、核心零部件等领域实现突破。

提升创意设计能力。加快发展工业设计,强化工业设计与制造业的深度融合,构建"设计＋研发＋服务"创新设计体系,以主体培育、公共服务、对外合作、跨界融合等为重点,推动设计智能化、绿色化、协同化发展。深入开展设计理论、共性技术、设计原型、标准规范等基础研究。

营造时尚消费环境。 建设国际消费中心城市,打造世界级口岸经济带、地标性商圈和高端时尚消费街区。汇聚高端时尚品牌资源,导入免税购物中心、体验店、旗舰店、品牌店、概念店等,培育消费新业态、新模式,大力发展直播经济、无人经济等新业态,创新线上线下融合新模式,激发时尚消费潜力。

推动会展产业高质量发展。 引进国际知名会展企业总部、境内外专业会展机构及其上下游配套企业,加强会展行业与全球展览业协会(UFI)、国际大会及会议协会(ICCA)等机构的合作。探索大湾区会展业合作新路径,试点联合举办大型文创展览、会展旅游活动。加强会展业新型基础设施建设,探索新型展会解决方案和办展新模式,打造一批智慧化、创新型特色展会。

优化产业生态体系。 鼓励企业、行业机构等建设支撑产业创新发展的研发设计、知识产权、数字化转型、电商直播、设计人才与品牌孵化等各类公共服务平台。完善时尚传媒体系建设,培育和引进代表性强、顶尖权威的时尚媒体。探索试行港澳展品多渠道入境、免担保放行政策,推进展馆运营监管改革。

4.5 代表性城市现代服务业比较

本书选取上海、北京、深圳、广州4个一线城市为代表性城市,对比分析其现代服务业发展状况。鉴于上海、北京未公开其现代服务业的官方数据,因此,部分内容用其服务业的数据进行分析。从服务业的规模来看,2022年各城市的排序依次是北京(34 894.30亿元)、上海(33 097.42亿元)、广州(20 611.40亿元)、深圳(19 956.16亿元);从服务业的增长率来看,2022年各城市的排序依次是北京(3.40%)、深圳(2.40%)、广州(0.97%)、上海(0.30%);从服务业的贡献率来看,2022年各城市的排序依次是北京(83.90%)、上海(74.10%)、广州(71.50%)、深圳(61.60%)。可见,4个一线城市中,深圳现代服务业不具备优势,具体如表42和图36所示。

表 42　2022 年代表性城市服务业发展概况

序号	城市	服务业增加值/亿元	增长率/%	服务业增加值占当地 GDP 的比重/%
1	北京	34 894.30	3.40	83.90
2	上海	33 097.42	0.30	74.10
3	广州	20 611.40	0.97	71.50
4	深圳	19 956.16	2.40	61.60

资料来源：各城市的统计公报。

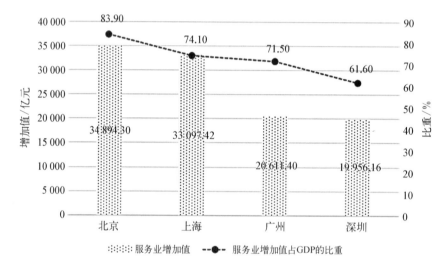

图 36　2022 年代表性城市服务业增加值及占 GDP 的比重对比图

4.5.1　北京的现代服务业

　　近年来，北京着力构建与首都城市定位相适应的现代服务业体系，塑造具有全球竞争力的"北京服务"品牌，打造国际一流的高能级服务枢纽，有力支撑"四个中心"功能建设和"四个服务"水平提升，更好地服务首都高质量发展全局。

　　2018—2022 年的数据显示，北京市服务业规模持续增长，年均增长率约为 6.1%；2021 年受疫情影响，北京服务业增加值占 GDP 的比重有所下降，其余年份服务业增加值占 GDP 的比重基本稳定在 83.0%～84.0% 之间。伴随着现代化产业体系、创新驱动发展战略的稳步推进,排名前三的信息传输、软件和信息技术服务业,金融业,科学研究和技术服务业的增加值均呈现逐年递增趋势,尤其是信息传输、软件和信息技术服务业,其年均增长率高达 14.8%,金融业、科学研究和技术服务业的年均增长率分别为8.3%和7.7%。同时,排名前三的服务业增加值合计占服务业增加值的比重由 2018 年的 38.7%提高至 2022 年的 45.9%(见表 43 和图 37、图 38)。

表 43 2018—2022 年北京服务业数据统计表

年份	服务业增加值/亿元	服务业增加值占GDP的比重/%	信息传输、软件和信息技术服务业增加值/亿元	金融业增加值/亿元	科学研究和技术服务业增加值/亿元	排名前三的服务业合计占服务业的比重/%
2018	27 508.1	83.1	4 290.1	5 951.3	2 578.3	38.7
2019	29 663.4	83.7	4 879.6	6 544.2	2 823.3	40.2
2020	30 095.9	83.7	5 601.5	7 057.1	2 973.9	43.5
2021	32 889.6	81.7	6 535.3	7 603.7	3 198.2	43.1
2022	34 894.3	83.9	7 456.2	8 196.7	3 465.0	45.9

资料来源:北京市统计年鉴、北京市统计公报。

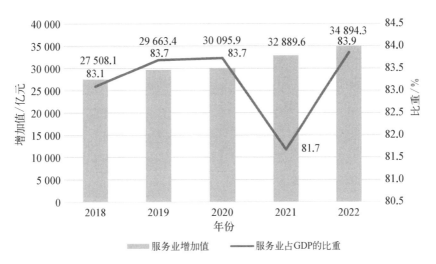

图 37 2018—2022 年北京服务业增加值变化趋势图

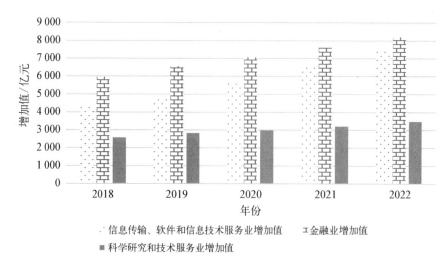

图38 2018—2022年北京排名前三的服务业增加值变化趋势图

北京以建设具有全球影响力的科技创新中心为引领,加快培育金融、科技等现代服务业,规模能级持续提升,质量效益稳步提高,推动经济高质量发展,支撑城市综合实力和服务功能迈上新台阶。

专栏18

北京现代服务业发展状况

一、发展成就

现代服务业成为拉动经济增长的主引擎。 在全国率先形成"双80%"的服务经济发展格局。2022年,北京市服务业实现增加值34 894.3亿元,占GDP的比重达到83.9%,并保持连续7年占比超过八成;现代服务业实现增加值约2.8万亿元,占服务业增加值的比重接近80%。信息传输、软件和信息技术服务业,金融业,科学研究和技术服务业3个行业的增加值稳步增长,占整个服务业增加值的比重达到45.9%。

现代服务业成为引领高质量发展的主力军。 现代服务业跃升复苏,2022年科学研究和技术服务业投资增长60.7%,金融业投资增长41.3%,信息传输、软件和信息技术服务业投资增长36.0%,

远高于服务业投资增长的 1.7%。2018—2022 年,信息传输、软件和信息技术服务业增加值的年均增长率约为 14.8%,金融业增加值的年均增长率约为 8.3%,科学研究和技术服务业增加值的年均增长率约为 7.7%,推动经济社会高质量发展。

现代服务业成为提升国际影响力的主窗口。中国国际服务贸易交易会、中关村论坛、金融街论坛升级为国家级对外开放合作的重要平台。2022 年全年北京实际利用外商直接投资 174.1 亿美元,其中,服务业为 168.8 亿美元,占比达到 97.0%;同时,科学研究和技术服务业为 69.8 亿美元,占比约为 40.1%;信息传输、软件和信息技术服务业为 39.4 亿美元,占比约为 22.7%;租赁和商务服务业为 37.0 亿美元,占比约为 21.2%;金融业为 49.8 亿美元,占比约为 7.7%。

二、面临的问题

对标国际最高标准、最高水平,对照新时期首都的城市战略定位要求,北京市现代服务业发展仍存在一些需要重点关注的问题:"大而不强"的问题依然突出,金融、商务、文化等部分领域增速放缓,增长动能有待激发;专业化、品牌化发展不足,价值链高端环节的竞争优势有待增强;数字赋能应用水平和融合化发展程度不足,新技术、新业态、新场景对现代服务业发展的驱动作用有待提升;国际化发展能级不高,缺乏具有全球竞争力的本土龙头企业和品牌机构,面向全球服务市场的辐射力和资源配置力有待增强。同时,现代服务业发展也面临着高端人才流失,人力、租金等运行成本高,新业态规范治理难等一系列发展挑战。

近年来,北京加速首都功能核心区、中心城区服务资源优化与功能升级,引导增量服务要素向城市副中心、平原新城有序布局,推动重点服务领域提质升级,构建与"四个中心"功能定位相适应、与超大城市运行要求相匹配、与国际一流的和谐宜居之都标准相吻合的现代服务业发展格局,不断提升全球资源配置能力和城市服务功能影响力,增强北京在全球城市网络中的竞争能级。

专栏 19

北京现代服务业发展重点

巩固提升现代金融优势。 聚焦科技金融、绿色金融、文化金融、数字金融发展,高标准建设北京证券交易所,支持金科新区、丽泽金融商务区、城市副中心运河商务区等功能区培育新兴金融服务集群。一是加强国家金融管理中心功能建设,助力国家金融监管体系建设,引领更高水平国际金融开放。二是构建全球领先的科技金融服务体系,高水平建设北京证券交易所,提升科技金融服务支撑能力,巩固金融科技创新领先优势。三是加快国际绿色金融中心建设,积极构建绿色金融体系,加强绿色金融国际合作。四是引领全国文化金融创新发展,丰富文化金融服务业态,创新文化金融服务机制。五是打造全球数字金融创新中心,建设数字金融基础设施,布局数字金融应用场景。

提速信息服务创新。 以数字技术创新与融合应用为主线,以海淀区、朝阳区为重点,培育一批数字经济头部企业,加快构建具有国际竞争优势的信息服务产业集群。一是增强底层技术和共性平台支撑,加快核心技术突破,推动共性平台建设。二是培育面向未来的信息服务业态,提升人工智能创新应用能级,推动区块链开源创新及应用,推动产业互联网创新发展,增强网络安全自主可控能力。三是构建开放领先的数据要素生态,率先建成世界一流的数据基础设施支撑体系,建设开放互联的国际数据枢纽,加强数据安全与隐私保护。四是引导平台经济规范有序发展,支持大型龙头企业面向特定区域、行业和场景,构建泛在连接、深度协同、云化服务、高效赋能的通用型平台,支持研发普惠化的数字化转型产品和服务。

优化升级科技服务。以支撑服务国际科技创新中心建设为目标,建设好中关村论坛,巩固提升研发服务优势,促进科技成果转移转化,深度支撑北京高精尖产业体系建设,更好地发挥对全国乃至全球创新辐射引领作用。一是提升研发服务全球竞争优势,完善国家实验室体系,布局世界一流新型研发机构,支持高校院所与科技领军企业协同创新。二是做大做强特色科技服务集群,增强工程技术服务国际竞争力,提升知识产权服务专业化水平,推动检验检测服务市场化发展,加快科技咨询服务转型升级,提升专业设计服务品质。三是强化科技成果转移转化服务,加强技术转移服务支撑,提升专业孵化服务水平。

优化超大城市流通体系。以融入国内国际双循环为引领,以服务首都城市高效安全运行为主线,优化连接生产与消费的超大城市现代流通体系,推动国内国际要素大聚集、大流通、大交易,保障双循环产业链供应链稳定高效顺畅。一是构建高效便利的流通网络,打通国际循环骨干通道,完善城市物流网络体系,夯实应急储备物资保障体系。二是打造全球供应链枢纽城市,提升全球市场资源配置能力,完善产业链供应链网络。三是推动流通服务模式创新升级,培育新兴流通服务业态,支持传统流通服务升级。

4.5.2　上海的现代服务业

近年来,上海深入践行"人民城市人民建,人民城市为人民"重要理念,围绕强化"四大功能",深化"五个中心"建设,聚焦发展"五型经济",建设"五大新城",推动城市数字化转型,在稳固服务业规模存量的基础上,大力激发培育新动能增量,推动传统服务变革跃升,促进新兴服务繁荣壮大,努力构筑新时期"上海服务"品牌战略发展新优势。

2018—2022年的数据显示,上海市服务业规模持续增长,年均增长率约为 6.7%;同时,服务业增加值占 GDP 的比重也呈现逐年递增趋势,由

70.9％增长至 74.1％。伴随着现代化产业体系、创新驱动发展战略的稳步推进,信息传输、软件和信息技术服务业,金融业,科学研究和技术服务业的增加值均呈现逐年递增趋势,年均增长率均分别为 15.8％、10.0％ 和 11.7％,3 项服务业增加值合计占服务业增加值的比重由 26.4％ 提高至 33.1％,具体如表 44、图 39 和图 40 所示。

表 44　2018—2022 年上海服务业数据统计表

年份	服务业增加值/亿元	服务业增加值占 GDP 的比重/％	信息传输、软件和信息技术服务业增加值/亿元	金融业增加值/亿元	科学研究和技术服务业增加值/亿元	3 项服务业合计占服务业的比重/％
2018	25 546.26	70.9	2 107.35	5 901.90	1 510.28	26.4
2019	27 686.89	72.9	2 405.12	6 535.18	1 715.58	28.1
2020	28 597.05	73.4	2 854.31	7 216.24	1 878.46	30.7
2021	32 190.39	73.7	3 489.30	8 025.23	2 187.44	31.4
2022	33 097.42	74.1	3 788.56	8 626.31	2 348.67	33.1

资料来源:上海市历年统计年鉴和统计公报。

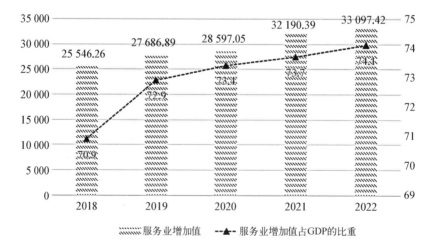

图 39　2018—2022 年上海服务业增加值变化趋势图

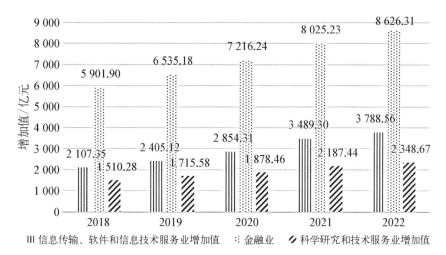

图 40　2018—2022 年上海 3 项现代服务业增加值变化趋势图

近年来,上海强化全球资源配置功能,提高对资金、数据、技术、人才、货物等要素配置的全球影响力,建设能级更高的国际经济、金融、贸易、航运中心,全面提升城市服务辐射能级。

专栏 20

上海现代服务业发展状况

一、发展成就

服务业成为上海经济增量的主导引擎。2022 年,上海市服务业增加值达到 33 097.42 亿元,占全市 GDP 的比重达到 74.1%,服务业成为经济增长的主动力。2022 年,全年外商直接投资实际到位金额达 239.56 亿美元,规模创历史新高,其中,服务业外商直接投资实际到位金额达 230.73 亿美元,占比为 96.3%,服务业成为吸引外资的主要部门。

服务业成为上海城市功能的重要载体。2022 年,上海金融市场成交总额超过 2 932.98 万亿元,在"第 34 期全球金融中心指数报告(GFCI34)"中排名第 7 位,上海作为国际金融中心,资源配置能级不断增强。2022 年,上海口岸货物贸易进出口总额达到 10.4 万亿元,在全球的比重提高至 3.6% 左右,保持世界城市首位;上海港集装箱吞吐量突破 4 730 万标箱,连续 13 年居全球第一。

服务业成为新经济创新迭代支撑源泉。人工智能、量子信息、移动通信、物联网等新一代信息技术促进服务业创新发展,数字技术与金融、商贸、交通运输等服务业深度融合。2022 年,信息传输、软件和信息技术服务业增加值达 3 788.56 亿元,电子商务交易额达到 3.33 万亿元;全年研究与试验发展经费支出占 GDP 的比重为 4.2% 左右,每万人口高价值发明专利拥有量达 40.9 件。

二、面临的问题

虽然上海服务业增长快、规模大、比重高,但是对标国际最高标准、最高水平,依然存在一定差距:一是内部结构不均衡,科技服务等新兴服务业发展潜力有待激发;二是主体发展不均衡,本土龙头企业和品牌培育力度有待加大;三是辐射能级不充分,金融、贸易、航运、科技等功能性服务业的资源配置能力有待提升;四是制度供给不匹配,适应新业态、新模式发展的监管环境有待优化。

上海服务业围绕"三个导向"重点发展城市能级导向的功能性服务业、价值增值导向的生产性服务业、消费升级导向的生活性服务业三大板块,不断提升全球资源配置能力,持续推动产业链价值链高端增值和生产效率变革,引领新消费需求,创造高品质生活。

专栏 21

上海现代服务业发展重点

突出全球资源融通配置。落实国家战略,重点提升金融服务资源配置能力、贸易服务全球枢纽位势、航运服务国际竞争能力、科技服务创新策源能力,打造功能性服务业高原上的新高峰,全力增强城市核心服务功能国际竞争力,更好地服务构建新发展格局。

推动两业深度融合创新。紧抓数字化转型机遇,以发展在线新经济为抓手,创新数字赋能型信息服务,发展智力驱动型专业服务,提升资源整合型集成服务,在数字赋能、跨界融合、前沿突破、未来布局等方面占据发展主导权,抢占高端生产服务价值链制高点。

强化制度模式双轮驱动。加强制度供给,推动模式创新,大力发展健康养老服务、文创教育服务、会展旅体服务、商贸家政服务,不断提升人民群众的获得感、幸福感。

4.5.3 广州的现代服务业

近年来,广州聚焦建设具有全球影响力的现代服务经济中心发展目标,推动生产性服务业向专业化和价值链高端延伸,促进生活性服务业向精细化和高品质转变,强化新业态、新模式、新消费培育,推动服务供给和服务需求形成更高水平动态平衡,打造服务业竞争新优势,增强服务业发展新动能,构建服务业发展新空间格局,加快形成优质高效、结构优化、竞争力强的服务产业新体系,为广州加快建设国际消费中心城市和国际大都市提供重要支撑,为广州奋力实现老城市新活力、"四个出新出彩"积极作出贡献。

2018—2022年的数据显示,广州市服务业规模持续增长,年均增长率约为5.9%。2020年,广州服务业增加值占GDP的比重相对较高(72.5%),其余年份服务业增加值占GDP的比重基本稳定在71.5%~71.8%之间;同时,广州现代服务业规模也在持续增长,年均增长率约为6.1%,现代服务业增加值占服务业增加值的比重在65.1%~67.5%之间波动,具体如表45、图41和图42所示。

表 45　广州现代服务业数据统计表

年份	服务业增加值/亿元	服务业增加值占GDP的比重/%	现代服务业增加值/亿元	现代服务业增加值占GDP的比重/%	生产性服务业增加值/亿元	生产性服务业增加值占GDP的比重/%
2018	16 401.84	71.8	10 907.16	47.7	——	——
2019	16 923.23	71.6	11 150.25	47.2	——	——
2020	18 140.64	72.5	11 801.21	47.0	9 392.62	37.5
2021	20 202.89	71.6	13 636.85	48.3	10 860.02	38.5
2022	20 611.40	71.5	13 825.27	47.9	11 245.04	39.0

资料来源：广州市统计公报和统计年鉴。

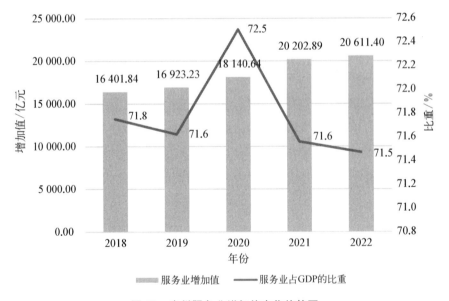

图 41　广州服务业增加值变化趋势图

　　广州着力提升现代服务业发展能级,加快服务业技术创新、业态创新、模式创新,推进现代服务业与先进制造业、现代农业深度融合,促进服务业各业态之间的渗透交融,提高供给体系的质量和效率。

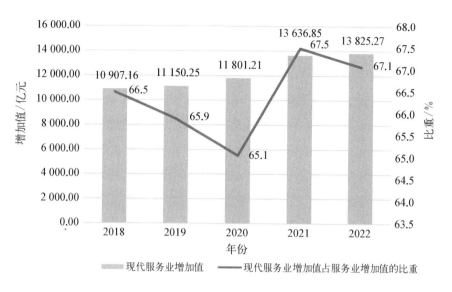

图 42 广州现代服务业增加值变化趋势图

专栏 22

广州现代服务业发展状况

一、发展成就

产业规模持续扩大。2022 年,广州服务业完成增加值 20 611.40 亿元,居全国主要城市第 3 位,占市 GDP 的比重达到 71.5%,服务业成为经济增长的主动力。2018—2022 年,广州服务业年均增长 6.1%,高于 GDP 平均增速 0.2 个百分点。2022 年,广州现代服务业增加值达 13 825.27 亿元,占全市服务业增加值的比重达 67.1%,其中,生产性服务业增加值占全市 GDP 的比重达 39.0%,现代服务业的支撑作用凸显。

产业结构更趋优化。近年来,广州大力推进服务业结构调整和转型升级,以现代金融、信息服务、科技服务为代表的知识密集型服务业领先发展。网店铺数、直播场次、主播数量均居全国第一,数字经济核心产业增加值超过 3 600 亿元。2022 年,广州市金融业增加值增长 7.2%,全市金融机构本外币存贷款余额接近 15 万亿元;科学研究和技术服务业营业收入增长 7.8%,发明专利授权 2.76 万件。

辐射能力持续增强。广州服务业改革工作不断取得新突破,启动建设大湾区跨境理财和资管中心,获批国家数字人民币等 3 个试点,广州期货交易所首个交易品种工业硅挂牌上市,广州数据交易所挂牌运行。获批开展国家服务业扩大开放综合试点。中欧班列开行 656 列,增长 2.4 倍。2022 年,广州港口货物、集装箱吞吐量分别位居全球第五位、第六位;实现外贸进出口总额 1.09 万亿元,增长 1.1%;实际使用外资超过 570 亿元,增长 5.7%。

二、面临的问题

虽然广州服务业发展取得了明显成效,但是对标国内国际领先城市,依然存在一定差距:一是产业结构层次有待提高,信息、科技等先进生产性服务业占比偏低,高品质、多样化的生活性服务业供给不足;二是融合创新发展水平有待提高,高端资源的产业化利用不足,研发、管理、营销、财务等高附加值环节发展相对滞后,新业态、新模式发展相对滞后;三是企业综合竞争力有待提高,缺少具有超强带动力的核心企业和龙头企业,总部经济仍有较大提升空间,国际知名服务品牌相对偏少;四是国际服务枢纽功能有待完善,具有重大辐射影响力的金融市场交易平台偏少,白云机场国际旅客占比偏低,广州港外贸集装箱航线偏少。

近年来,广州以粤港澳大湾区建设和国际消费中心城市培育建设为引领,优化发展现代商贸、现代物流、金融服务等生产性服务业和生活性服务业,提高供给质量,提升供给体系对消费需求的适配性,打造"广州服务"竞争新优势。

专栏 23

广州现代服务业发展重点

现代物流。发挥重大交通物流基础设施优势,发展航运物流、航空货运、全球快递、多式联运等服务,创新发展冷链物流、绿色物流、快递物流、应急物流等特色物流,推进物流业与制造业、商贸业深度融合发展,共建粤港澳大湾区国际物流枢纽。

金融服务。支持广州地区金融业态加速数字化转型,构建金融有效支持实体经济体制机制,推动共建粤港澳大湾区国际金融枢纽,建设引领全国、影响全球的绿色金融创新发展高地,打造具有重要影响力的风险管理中心、财富管理中心和金融资源配置中心。

软件和信息技术服务。落实数字强国战略,发展基于大数据、云计算、物联网、区块链等新技术的信息服务,加速软件与各行业领域的融合应用,高水平打造"中国软件名城"。

科技服务。加快发展高端研发、创业孵化、技术转移、科技金融、科技咨询、知识产权等行业,争取国家重大创新载体布局,建设新型科技服务平台,完善开放式科技服务创新网络,着力构建覆盖创新全链条的科技服务体系。

4.5.4 代表性城市现代服务业发展结论

通过对代表性城市现代服务业的发展重点、成就和问题等进行梳理,可知四大一线城市现代服务业发展存在以下共性。

在发展重点方面:一是完善产业体系,北京、上海、广州、深圳均提出发展金融服务、信息服务、科技服务、现代物流等生产性服务业,推动生活性服务业向高品质和多样化升级;二是产业融合创新,上海、广州、深圳提出推动产业深度融合发展,促进现代服务业同先进制造业深度融合,推进数字经济和实体经济深度融合。

在发展成就方面：一是现代服务业成为拉动经济增长的主动力；二是现代服务业成为推动经济高质量发展的主力军；三是现代服务业成为提升国际影响力的主窗口。

同时，因各城市的功能定位、产业结构、区位条件等存在差异，其现代服务业发展各具特色，主要表现在：北京着力构建与首都城市定位相适应的现代服务业体系，塑造具有全球竞争力的"北京服务"品牌，打造国际一流的高能级服务枢纽；上海围绕"三个导向"重点发展城市能级导向的功能性服务业、价值增值导向的生产性服务业、消费升级导向的生活性服务业三大板块，不断提升全球资源配置能力，构筑新时期"上海服务"品牌战略发展新优势；广州以粤港澳大湾区建设和国际消费中心城市培育建设为引领，优化发展现代商贸、现代物流、金融服务等生产性服务业和生活性服务业，提升供给体系对消费需求适配性，打造"广州服务"竞争新优势；深圳正在构建"2＋3＋N"现代服务业产业格局，优化国际服务要素资源配置，推动建设具有全球影响力的服务经济中心城市。

4.6　深圳现代服务业发展展望

4.6.1　发展趋势

从产业规模来看，深圳现代服务业规模不断壮大。2012—2022 年，深圳现代服务业增加值由 4 899.25 亿元增加至 15 228.95 亿元，年均增长率约为 12.0％，高于 GDP 的年均增长率（9.6％）。当前，经济全面进入高质量发展阶段，制造强国、网络强国、数字中国建设深入推进，以信息传输、软件和信息技术服务业，金融业，科学研究和技术服务业为代表的现代服务业将保持快速发展。

从产业效能来看，深圳服务业发展提质升级，产业结构持续优化，其现代服务业增加值占服务业增加值的比重由 2012 年的 68.0％提升至 2022 年的 76.3％。以金融业，信息传输、软件和信息技术服务业，科学研究和技术服务业，物流业等为代表的现代服务业增加值占服务业增加值的比重呈持续上升趋势,由 2012 年的 55.7％提升至 2022 年的 63.5％。其中,伴随着数字经济的快速发展,信息传输、软件和信息技术服务业增加值占服务业增加值的比重持续增加,由 2013 年的 9.84％增加至 2022 年的 18.15％,年均增长率约为 8.0％;金融业作为深圳四大支柱产业之一,其占第三产业的比重基本稳定在 24％左右;随着创新驱动发展战略的深入实施,科学研究和技术服务业增加值占第三产业增加值的比重呈现上升趋势。可见,深圳将以服务制造业高质量发展为导向,大力发展信息服务、科技服务、金融服务、现代物流等生产性服务业,提高要素配置效率,增强全产业链优势,推动生产性服务业向专业化和价值链高端延伸。

从空间分布来看,深圳正在构建"2＋3＋N"现代服务业产业格局,即以"前海深港现代服务业合作区、河套深港科技创新合作区"两大国家级深港合作平台为引领的服务经济空间,建设"福田中心区、南山滨海总部区、大空港现代服务业集聚区"三大国际现代服务业枢纽,推进金融、物流、文化、电子商务、软件信息、人力资源等领域试点示范产业园区建设,打造 N 个现代服务业试点示范产业园区。可见,深圳在充分考虑各区功能定位、产业基础和区位条件的基础上,现代服务业分布呈现融合化、科学化发展趋势。

4.6.2　对策建议

服务业是国民经济的重要组成部分,现代服务业已经成为经济增长的重要引擎,各国纷纷将加快发展现代服务业作为推动经济转型升级和高质量发展的重要举措。全球化与逆全球化交织推动国际格局演变,经济全球化进入新一轮规则调整期,服务业正在成为国际贸易规则的关注焦点。近年来,深圳在以信息传输、软件和信息技术服务业,金融业,科学研究和技术服务业为代表的现代服务业发展方面同样取得了长足进步,表现为规模不断扩大,且在服务业中的占比不断提高,但是依然面临科技服务业规模较小、专业服务品牌影响力不强、技术创新对服务业的驱动和支撑作用不足、服务业与制造业融合发展亟须深化等问题。为了更好地推动深圳扩大服务业有效供给,提高服务效率和服务品质,着力构建支撑高质量发展的服务业新体系,深圳应遵循服务业的发展规律和趋势,着力提升服务业数字化、融合化、品质化、绿色化、国际化水平。

1) 推进服务业数字化

数字经济是经济增长的重要源泉与提高全要素生产率的重要途径。提升服务业数字化发展水平已经成为提升服务业发展能级、构建服务业发展新体系的必经之路。深圳坚持以制造业为立市之本,但技术创新对服务业的支撑和驱动作用不足,应加强数字技术以赋能方式与服务业有机融合,提升服务业的质量与效率。一方面,夯实数字化底座,全面激活数据要素价值,在确保数据安全的前提下,加强公共数据开放共享,加快培育专业数据服务商;推动数字技术创新资源共建共享,鼓励开源社区、开源代码托管平台等新型数字服务基础平台发展,优化服务业数字化转型生态;完善城市信息模型(CIM)基础平台,构建城市三维空间数据底板,提升城市交通、商贸、文化、旅游等服务设施的数字化水平。另一方面,加快重点服务业行业数字化转型步伐,聚焦产业转型升级需要,推动研发设计、金融服务、交通运输、供应链管理、节能环保等生产性服务业数字化转型,推动扩大生产性服务优质供给。

2) 促进服务业融合化

当前,服务业与制造业深度融合而催生的新产业、新业态、新模式,构成了产业链延链增值和新旧动能转换的重要动力。深圳市服务业与制造业融合发展亟须深化,应不断夯实服务业融合发展的根基,全面增强服务业融合化质效。聚焦产业间融合重点,围绕制造业共性服务需求,培育壮大工业设计、信息技术服务、创意设计等生产性服务业经营主体,支持服务型制造业发展,推动制造业企业向"产品+服务"解决方案提供商转型,提升产业链现代化水平。深化服务业内部融合,大力发展"文化+""科技+""信息+""旅游+"等融合型服务行业,鼓励有优势的服务业企业跨地区、跨行业、跨所有制兼并重组,打造跨界融合的产业集团和产业联盟。搭建融合载体平台,注重搭建先进制造业相关上下游企业和现代服务业企业的产业联合体,推动数据信息共享和网络协同制造,为产业融合提供信息数据支持、应用支持和标准支持,深化先进制造业和现代服务业融合发展、服务型制造试点示范。

3）提升服务业品质化

当前,服务业发展环境发生了重大变化,已经进入高质量发展新阶段,全球市场竞争从简单的价格竞争进入以质量和品牌为综合实力的竞争深化阶段。深圳专业服务品牌影响力不强,应更加注重质量、标准、品牌对增强核心竞争力的作用,构建优质高效的服务业新体系。推动金融、物流、研发设计、商务咨询、人力资源、节能环保等生产性服务业向专业化和价值链高端延伸,培育具有国际竞争力的生产性服务品牌。推动商贸、健康、托育、文化、旅游、体育、家政、餐饮等生活性服务业进行高品质和多样化升级,做强做精生活性服务品牌。加强服务企业的品牌意识,支持领军企业打响服务品牌,健全品牌运营管理体系,组织培育一批国际知名的"深圳服务"品牌。加快先进制造业和现代服务业融合发展标准化建设,积极参与国际标准化事务,提升标准化服务业的国际化水平。加强服务业质量监测评价能力建设,发展基于服务标准、顾客满意度、消费者投诉、社会舆情的服务业质量监测评价方法。

4）推动服务业绿色化

当前,产业正处在转变发展方式、优化经济结构、转换增长动能的窗口期,迫切需要形成生产高效、排放较少、环境清洁、生态安全的产业高质量发展格局。推动服务业绿色化转型,培育绿色低碳服务新业态,将为全面推进高质量发展、提升服务业核心竞争力提供重要支撑。推动重点行业绿色转型,加快优化调整运输结构,深入推进多式联运发展,加快发展绿色物流,推动服务流程信息化、实时化,加快信息服务业绿色转型。增加节能环保服务供给,推广多种形式的合同能源管理、环境综合治理托管、虚拟电厂等服务模式经验;引导金融机构应用环保信用评价和环境信息依法披露等,积极开展气候投融资实践。完善支持绿色发展的财税、金融、投资等制度体系,规范开展绿色贷款、绿色股权、绿色债券、绿色保险等业务,进一步加大金融支持服务业绿色低碳发展的力度。加强绿色服务标准国际合作,积极参与相关国际标准的制定,推动合格评定合作和互认机制,深化节能环保服务的国际合作。

5）提高服务业国际化

深圳应充分利用区位优势、政策优势，对标国际高标准规则制度，拓展开放领域，增强服务贸易竞争力，持续深化国际合作，主动有序地扩大服务业开放。推进服务业市场开放，鼓励引导社会资本参与发展服务业，打破服务业领域市场垄断与行政垄断，进一步完善公平竞争的市场环境，消除不同产业间政策的差异，为服务业平等发展创造良好的社会环境。在开放合作中推动生产性服务业向专业化和价值链高端延伸，推动高端制造业与信息、研发、设计、物流销售等生产性服务业相互融合，推动传统生产型制造向服务型制造转变，引导生产性服务业在区域间形成合理分工协作、各具优势特色的产业集群，形成生产性服务业集聚的发展态势。在高水平开放中推动生活性服务业高质量发展，开展以教育、健康、医疗、旅游、文化、金融、免税购物、会展等为重点的服务业自由贸易试点，着力推动规则、规制、管理、标准等制度型开放，构建优质高效、结构优化、竞争力强的服务产业新体系。

5

战略性新兴产业

战略性新兴产业代表新一轮科技革命和产业变革的方向,是推动经济发展质量提升、效率优化、动力转换的关键力量。

5.1 战略性新兴产业的内涵与特点

战略性新兴产业是以重大技术突破和重大发展需求为基础,代表未来科技和产业发展新方向,体现当前世界知识经济、循环经济、低碳经济发展潮流,尚处于成长初期、未来发展潜力巨大、对经济社会全局和长远发展具有重大引领带动作用的产业。其特点包括:知识技术密集,物质资源消耗少,成长潜力大,综合效益好。

5.2 战略性新兴产业发展面临的形势

近年来,我国战略性新兴产业实现快速发展,充分发挥了经济高质量发展引擎的作用,产业发展呈现出重点领域发展壮大、新增长点涌现、创新能级跃升、竞争实力增强等趋势。当前,世界百年未有之大变局加速演进,新一轮科技革命和产业变革深入发展,全球产业结构和布局深度调整,大国竞争和博弈日益加剧,在未来较长一段时期内,战略性新兴产业将面临更加严峻的内外部环境。

5.2.1 国际竞争形势

新一轮科技革命与产业变革将世界各主要大国再次牵引在"同一起跑

线上"，美、日、英、德、法等主要发达经济体均紧密出台了形式多样的战略规划与产业政策，激励国内战略性新兴产业快速发展，加速抢占下一轮全球经济制高点。当前，中美贸易摩擦已经不再是单纯的关税问题，而是涉及关键技术、知识产权、投资、金融等多个领域的复杂问题，将长期影响我国战略性新兴产业高质量发展。受新冠疫情的影响，全球产业链和供应链受到双重打击，后疫情时代全球产业链重构将加速，将对我国战略性新兴产业领域自主创新能力的提升提出更高的要求。随着全球要素禀赋格局的变化，全球产业链将在中长期呈现知识化、数字化和绿色化趋势，数字化、低碳化两个技术范式变化将对生产方式产生深刻影响，数字空间领域的战略性竞争将会在未来持续数十年。发达国家和主要新兴经济体纷纷制定新兴产业发展战略，把争夺科技制高点作为国家战略重点，大力发展新兴产业，美国实施"再工业化"战略，推出"先进制造伙伴计划"等措施，德国推出"工业 4.0"，日本推行"第四次工业革命"计划，我国战略性新兴产业发展将面临长期挑战。

主要发达国家和地区新兴产业发展重点领域及相关战略、计划如表46 所示。

表 46 主要发达国家和地区战略性新兴产业一览表

国家和地区	重 点 领 域	相关战略、计划
美国	先进制造、精密医疗、脑计划、先进汽车、智慧城市、清洁能源和节能技术、教育技术、太空探索、计算机新领域、大数据、生物技术、纳米技术、5G、先进机器人、量子等	《美国创新战略：确保经济增长与繁荣》《纳米技术签名倡议》《2020 及未来纳米电子学计划》《可持续纳米制造：创造未来的产业计划》《国家生物经济蓝图》《美国电动汽车普及计划蓝图》《先进制造业国家战略计划》《大数据研究与开发计划》《美国创新战略（2015 版）》《国家人工智能研究与发展战略规划》《美国主导未来产业》《量子信息科学国家战略》《美国频谱战略》
欧盟	低碳产业、信息技术（重点是物联网）、生物技术等	《绿色基础设施：增强欧洲自然资本战略》《欧洲 2020 战略》《为可持续增长创新：欧洲生物经济战略》《地平线 2020 计划》《智能城市和社区欧洲创新伙伴行动》

国家和地区	重点领域	相关战略、计划
德国	可再生能源、生物技术、先进制造业、电动汽车、人工智能、数字化、移动医疗等	《高科技战略计划》《生物经济 2030 国家研究战略》《第六能源研究计划——环保》《可靠和经济的能源供应研究》《生物炼制路线图》《德国联邦政府国家电动汽车发展规划》《德国工业 4.0 战略》《欧洲人工智能战略》《国家工业战略 2030》
英国	先进材料、卫星、能源存储、机器人与自动控制、农业科技、再生医学、大数据和合成生物等	《低碳转型计划》《英国可再生能源发展路线图》《技术与创新中心计划》《海洋产业增长战略》《合成生物学路线图》《英国工业 2050 战略》《技术与创新的未来 2017》
日本	新能源、节能环保、信息技术、新型汽车等	《能源基本计划》《原子能政策大纲》《创建最尖端 IT 国家宣言》《海洋基本计划》《综合创新战略》

资料来源:《新兴产业发展战略综合研究(2035)》。

　　新兴经济体也加快了新技术开发和新兴产业布局,其新兴产业发展重点领域及相关战略、计划如表 47 所示。

表 47　新兴经济体战略性新兴产业一览表

国家和地区	重点领域	相关战略、计划
俄罗斯	新能源、节能环保、纳米技术、生物技术、医疗和健康、信息技术	《2020 年前国家科技发展计划》《国家能源发展计划》《至 2020 年生物技术发展综合计划》《2018 年前信息技术产业发展规划》《2025 年前国家电子及无线电电子工业发展专项计划》《2030 年前科学技术发展优先方向》
印度	新能源、信息服务、生物技术、新材料产业等	《"十二五"规划(2012—2017 年)》《2013 科学技术与创新政策》
南非	新能源、生物制药、航空航天等	《国家战略规划绿皮书》《2030 年国家发展规划》《综合资源规划》
巴西	新能源、环保汽车、民用航空、现代生物技术	《低碳战略计划》《2012—2015 年国家科技与创新战略》《科学创新行动计划》

资料来源:《新兴产业发展战略综合研究(2035)》。

5.2.2　国内发展环境

我国经济由高速增长阶段转向高质量发展阶段,正处在转变发展方式、优化经济结构、转换增长动力的攻关期,经济发展面临需求收缩、供给冲击、预期转弱三重压力,同时又遭遇严峻复杂的国际环境,迫切需要加快战略性新兴产业发展,构建现代化产业体系,提高全要素生产率,促进经济高质量发展,为现代化建设夯实物质技术基础。党的二十大报告明确指出,"推动战略性新兴产业融合集群发展,构建新一代信息技术、人工智能、生物技术、新能源、新材料、高端装备、绿色环保等一批新的增长引擎"。2023 年 3 月 7 日,习近平总书记在广东代表团参加审议时强调,"把新一代信息技术、高端装备制造、绿色低碳、生物医药、数字经济、新材料、海洋经济等战略性新兴产业发展作为重中之重"。

"双区"建设为深圳战略性新兴产业发展创造了重要机遇。《粤港澳大湾区发展规划纲要》明确提出"培育壮大战略性新兴产业",依托香港、澳门、广州、深圳等中心区域的科研资源优势和高新技术产业基础,充分发挥国家级新区、国家自主创新示范区、国家高新区等高端要素集聚平台的作用,联合打造一批产业链条完善、辐射带动力强、具有国际竞争力的战略性新兴产业集群,增强经济发展新动能。《中共中央　国务院关于支持深圳建设中国特色社会主义先行示范区的意见》明确提出大力发展战略性新兴产业,在未来通信高端器件、高性能医疗器械等领域创建制造业创新中心。2022 年 6 月,深圳市政府出台了《深圳市人民政府关于发展壮大战略性新兴产业集群和培育发展未来产业的意见》(深府〔2022〕1 号),明确提出把战略性新兴产业作为实体经济发展的重中之重;培育若干具有世界级竞争力的战略性新兴产业集群,为深圳建设中国特色社会主义先行示范区提供有力支撑。

综上,深圳必须把发展战略性新兴产业放在突出位置,加快关键核心技术攻关和自主创新产品迭代应用,着力提升新一代信息技术产业创新能力和产业链自主可控水平,加快生物产业创新发展,提升高端装备制造业竞争力,加快新能源汽车和智能网联汽车产业协同创新,促进绿色环保产业提质增效,提升现代产业体系竞争力,打造引领高质量发展的强大动力源。

5.3 深圳战略性新兴产业发展历程

2008 年全球经济危机后,世界各国大力发展新兴产业,以抢占未来产业发展制高点,提升国际竞争力。

2009 年,深圳在全国率先规划发展战略性新兴产业,制定了针对生物、新能源、互联网的战略性新兴产业振兴发展规划和政策。

2011 年,深圳又出台了新材料、文化创意、新一代信息技术产业和节能环保等战略性新兴产业振兴发展规划。

2013 年,海洋、航空航天、生命健康、机器人、可穿戴设备和智能装备等被确定为深圳重点发展的未来产业,以抢占未来科技竞争制高点。

2018 年,深圳提出围绕新一代信息技术、高端装备制造、绿色低碳、生物医药、数字经济、新材料、海洋经济等七大战略性新兴产业,加快形成具有国际竞争力的万亿级和千亿级产业集群。

2022 年,深圳明确发展以先进制造业为主体的"20＋8"战略性新兴产业集群和未来产业。

5.4 深圳战略性新兴产业发展状况

5.4.1 深圳战略性新兴产业统计分类

对照《战略性新兴产业分类(2018)》(国家统计局令第 23 号),战略性新兴产业包括新一代信息技术产业、高端装备制造产业、新材料产业、生物产业、新能源汽车产业、新能源产业、节能环保产业、数字创意产业、相关服务业等九大领域,统计口径如表 48 所示。

表 48 战略性新兴产业分类表

产　业	序　号	细　分　领　域
1 新一代 信息技术	1.1	下一代信息网络
	1.2	电子核心
	1.3	新兴软件和新型信息技术服务
	1.4	互联网与云计算、大数据服务
	1.5	人工智能
2 高端装备 制造	2.1	智能制造装备
	2.2	航空装备
	2.3	卫星及应用
	2.4	轨道交通装备
	2.5	海洋工程装备
3 新材料	3.1	先进钢铁材料
	3.2	先进有色金属材料
	3.3	先进石化化工新材料
	3.4	先进无机非金属材料
	3.5	高性能纤维及制品和复合材料
	3.6	前沿新材料
	3.7	新材料相关服务
4 生物	4.1	生物医药
	4.2	生物医学工程
	4.3	生物农业及相关
	4.4	生物质能
	4.5	其他

产　业	序　号	细　分　领　域
5 新能源汽车	5.1	新能源汽车整车制造
	5.2	新能源汽车装置、配件制造
	5.3	新能源汽车相关设施制造
	5.4	新能源汽车相关服务
6 新能源	6.1	核电
	6.2	风能
	6.3	太阳能
	6.4	生物质能及其他新能源
	6.5	智能电网
7 节能环保	7.1	高效节能
	7.2	先进环保
	7.3	资源循环利用
8 数字创意	8.1	数字创意技术设备制造
	8.2	数字文化创意活动
	8.3	设计服务
	8.4	数字创意与融合服务
9 相关服务	9.1	新技术与创新创业服务
	9.2	其他相关服务

根据深圳相关产业发展规划,深圳与国家、广东省及其他城市统计口径有所不同,深圳的战略性新兴产业包括七大战略性新兴产业(20 个产业集群)。《深圳市战略性新兴产业发展专项资金扶持政策》(深府规〔2018〕22 号)明确其适用于新一代信息技术、数字与时尚、高端装备制造、绿色低碳、新材料、生物医药和健康、海洋经济等七大重点发展的战略性新兴产

业。《深圳市人民政府关于发展壮大战略性新兴产业集群和培育发展未来产业的意见》（深府〔2022〕1号）明确提出重点发展网络与通信、半导体与集成电路、超高清视频显示、智能终端、智能传感器、软件与信息服务、数字创意、现代时尚、工业母机、智能机器人、激光与增材制造、精密仪器设备、新能源、安全节能环保、智能网联汽车、新材料、高端医疗器械、生物医药、大健康和海洋经济等 20 个战略性新兴产业重点细分领域。

5.4.2 深圳战略性新兴产业空间分布

在战略性新兴产业布局上，深圳提出"三轴并进、区域辐射、全球联动"的产业布局战略。"三轴并进"指的是东、中、西三条发展轴。东部区域提出"培育东部产业新增长轴"，规划建设国家级东部产业创新走廊，加快引进一批战略性新兴产业龙头骨干企业，超前布局一批产业重大项目，助推东部地区由"制造"向"智造"转型。中部区域提出"构建中部产业发展提升轴"，发挥福田、龙华地处城市中轴的区位优势，提升中部地区创新发展潜力，在更大范围、更高层级上强化集聚配置资源的能力，进一步提升产业发展水平和辐射带动作用。西部区域提出"打造西部产业创新引领轴"，充分发挥南山区科技、产业创新主战场的引领带动作用；宝安区引领智能制造和现代服务业聚集发展；光明区引领绿色生态产业发展。

同时，各区结合自身的功能定位、产业基础等，在战略性新兴产业布局上各具特色。南山区重点布局数字经济、现代金融、高端商贸、文化产业等，福田区重点布局信息服务、电子商务、高端文化创意等，龙岗区重点布局信息通信、节能环保、低碳产业等，坪山区重点布局生物、新能源汽车等，光明区重点布局新型平板显示、绿色生态产业等，大鹏新区重点布局生物育种、生命信息、海洋生物等。

> **专栏 24**
>
> ### 深圳各区发展规划
>
> **福田区**：重点依托河套深港科技创新合作区、香蜜湖新金融中

心、环中心公园活力圈,全面提升金融、科创、时尚等核心服务功能。

罗湖区:加快建设国际消费服务核心区、深港口岸经济带罗湖先行区、红岭新兴金融产业带、大梧桐新兴产业带,提升商贸服务、科技服务、金融服务、专业服务等功能。

盐田区:加快建设国际航运枢纽、沙头角深港国际旅游消费合作区,发展高端航运服务业、离岸贸易、旅游消费、海洋体育消费等,推动生态康养与基因科技服务融合发展。

南山区:依托西丽湖国际科教城、深圳湾超级总部基地、西丽高铁新城、后海金融商务总部区,打造湾区数字经济核心区、消费经济枢纽区、创意经济集聚区,大力发展数字经济、现代金融、高端商贸、文化产业。

宝安区:提升宝安中心区产业服务功能,依托国家航空枢纽、国际会展文旅城、海洋新城和"互联网+"未来科技城等一批重点区域及重大项目建设,大力发展数字经济、会展经济、海洋经济、临空经济、总部经济和文旅经济。

龙岗区:依托龙岗世界级电子信息产业集群核心承载区、大运深港国际科教城、平湖跨境电商总部基地、坪地国际低碳城等重大平台和项目,建设具有全球影响力的信息和通信技术(ICT)制造服务业聚集基地、大湾区人工智能物联网(AIoT)创新服务聚集高地、深圳东部消费中心。

龙华区:依托北站国际商务区、九龙山数字城、鹭湖中心城、龙华国际商圈、大浪时尚小镇、观澜文化小镇,大力发展国际商务、金融服务、科技与文化创新服务、时尚消费等,打造高端专业服务集聚区、深莞科技综合服务平台及多个辐射北部的核心商圈。

坪山区:依托深圳国家高新区坪山园区,聚焦新能源汽车、智能网联汽车、生物医药、新一代信息技术等领域,完善科技、信息、金融、现代物流、商务会展等服务功能。

光明区：依托粤港澳大湾区综合性国家科学中心先行启动区，发展前沿科学研究、技术开发和技术成果转移转化等服务，打造新型科研经济增长极，积极发展科技服务、全域旅游、文化创意等服务业。

大鹏新区：依托新大、下沙等高端特色滨海旅游消费项目，加快深圳国际生物谷坝光核心启动区、深圳国际食品谷创新先导区、环龙岐湾片区建设，推动文旅、体育、科技、食品、教育、海洋、康养等多业态深度融合发展。

深汕特别合作区：依托深汕湾机器人产业集聚区、海洋智慧港、工业互联网制造业创新基地和小漠文旅产业集聚区等，加快发展科技、物流、旅游、康养、休闲服务业。

根据《深圳统计年鉴 2023》和《深圳市人民政府关于发展壮大战略性新兴产业集群和培育发展未来产业的意见》（深府〔2022〕1 号），深圳战略性新兴产业统计分类与布局情况如表 49 所示。

表 49　深圳战略性新兴产业统计分类与布局情况表

产　业	序号	细分领域	布　局　区　域
新一代电子信息	1	网络与通信	南山、宝安、龙岗、龙华
	2	半导体与集成电路	福田、南山、宝安、龙岗、龙华、坪山
	3	超高清视频显示	南山、宝安、龙岗、光明
	4	智能终端	福田、罗湖、南山、宝安、龙岗、龙华、坪山
	5	智能传感器	南山、龙华、光明
数字与时尚	6	软件与信息服务	福田、罗湖、南山、宝安、龙岗
	7	数字创意	福田、罗湖、盐田、南山、宝安、龙岗
	8	现代时尚	罗湖、福田、南山、宝安、龙华

产 业	序号	细 分 领 域	布 局 区 域
高端装备制造	9	工业母机	宝安、龙华
	10	智能机器人	福田、南山、宝安、深汕
	11	激光与增材制造	宝安、龙华、坪山
	12	精密仪器设备	南山、宝安、龙华、光明
绿色低碳	13	新能源	龙华、龙岗
	14	安全节能环保	罗湖、宝安、龙岗、龙华、光明、深汕
	15	智能网联汽车	南山、坪山、深汕
新材料	16	新材料	罗湖、宝安、龙岗、光明、深汕
生物医药和健康	17	高端医疗器械	南山、龙华、坪山、光明
	18	生物医药	坪山、南山、福田、龙岗、光明和大鹏
	19	大健康	罗湖、盐田、宝安、坪山、大鹏
海洋经济	20	海洋经济	西部海岸—东部海岸—深汕合作区

资料来源:《深圳市人民政府关于发展壮大战略性新兴产业集群和培育发展未来产业的意见》。

5.4.3 深圳战略性新兴产业发展成效

近年来,深圳持续推动战略性新兴产业做大做强,战略性新兴产业已成为引领产业升级和经济社会高质量发展的重要引擎。

1)产业技术创新不断突破

深圳将基础研究和原始创新能力建设摆在特别突出的位置,科技创新保持持续增长势头。战略科技力量不断增强,深圳湾实验室、鹏城实验室等瞄准世界前沿,承接了一批前瞻性、引领性重大科技项目,自主创新"硬核"能力不断提升。创新策源能力持续提升,深圳 PCT 国际专利申请量连续 19 年居全国第一,"从 0 到 1"的颠覆性、原创性成果不断涌现。关键核心技术取得突破,深圳围绕光通信、超高清视频、高端数控机床、集成电路等战略性新兴产业重点领域,2022 年承接国家重大科技项目 24 个,实施技术攻关重大项目 17 个,形成了一批自主可控的标志性成果。

2) 产业发展能级稳步提升

产业规模不断壮大,2022 年深圳战略性新兴产业增加值达 1.33 万亿元,占 GDP 的比重提高到 41.1％。产业结构不断优化,新一代信息技术产业的比重持续下降,从 2018 年的 52.1％降至 2022 年的 43.6％,数字与时尚、生物医药和健康、绿色低碳和海洋经济等产业所占的比重呈现不同程度上升,战略性新兴产业呈现多元化发展趋势。产业质效不断提升,深圳集聚了华为、腾讯、大疆、迈瑞、云天励飞等创新型企业,新型显示器件、人工智能、智能制造等 3 个集群入选首批国家级战略性新兴产业集群发展工程,助力提升重点产业链自主可控能力,推动建设现代化产业体系。

3) 产业发展生态持续完善

营商环境持续优化提升,深圳围绕建设国家营商环境创新试点城市,于 2022 年 1 月印发了《深圳市建设营商环境创新试点城市实施方案》,加快打造市场化、法治化、国际化一流营商环境,精准高效推动战略性新兴产业集聚发展。制造业、服务业加速融合,面对制造业服务化的世界潮流,深圳"十四五"规划明确提出:推动先进制造、现代物流、电子信息等领域重点产业园区向"服务＋制造"综合园区转型。开放交流合作不断深入,深圳正以重大合作平台为牵引,加速推动大湾区深度融通发展,加快推进大湾区综合性国家科学中心建设。2023 年 9 月,世界知识产权组织发布的《2023 年全球创新指数报告》显示,深圳—香港—广州科技集群居全球第二。

5.4.4 深圳战略性新兴产业存在的问题

近年来,虽然战略性新兴产业对深圳经济的驱动作用不断增强,但是依然面临产业布局不优、基础研究不足、自主可控能力不强等问题。

一是产业布局有待进一步优化。2022 年,在深圳七大战略性新兴产业中,新一代信息技术、数字与时尚、绿色低碳三大产业占比达 81.6％,海洋经济、生物医药、高端装备制造、新材料 4 个产业所占比重仅为 18.4％,战略性新兴产业的布局有待优化,促进产业多元化发展,提升产业的抗风险能力。二是基础研究有待进一步加强。深圳缺少研究型大学及从事基础研究和产业共性研究的科研机构,深圳的高等院校仅有 14 所,远低于北京(92 所)、上海(64 所)和广州(83 所)的数量。2022 年,深圳的基础研究投入占比为 4.3%,低于北京(16.6%)、上海(9.1%)和广州(12.2%)。三是产业国际竞争力亟待提升。新一代电子信息产业占全市战略性新兴产业的比重高达 43.6%,但关键性技术、关键元器件仍依赖进口,集成电路是深圳第一大进口商品,2022 年其进口金额占深圳全市进口总额的 49.5%。

5.4.5 深圳战略性新兴产业发展现状

1) 深圳战略性新兴产业总体现状

近年来,深圳深入实施创新驱动发展战略,大力推进制造强市建设,推动战略性新兴产业发展取得积极成效,规模以上工业总产值连续 3 年位居全国城市首位。2019 年,深圳新型显示器件、人工智能、智能制造等 3 个集群入选首批国家级战略性新兴产业集群发展工程。

2022 年,深圳战略性新兴产业增加值合计达 13 322.07 亿元,比上年增长 7.0%,占 GDP 的比重为 41.1%。其中,新一代电子信息产业的比重最大,占比为 43.6%;第二位是数字经济产业,占比为 25.0%;排在第三位的是绿色低碳产业,占比为 13.0%;海洋经济、生物医药、高端装备制造和新材料产业所占比重分别为 5.1%、2.7%、4.0% 和 6.5%。同时,新材料、绿色低碳、海洋经济等产业快速发展,增长率均超过 10%,分别为 21.9%、16.1% 和 11.5%;数字与时尚、生物医药和健康、高端装备制造、新一代信息技术产业的增长率分别为 8.8%、6.7%、5.1% 和 2.6%,具体如表 50 和图 43 所示。

表 50 2022 年战略性新兴产业产业发展情况表

序号	产 业 名 称	增加值/亿元	增长率/%
1	新一代信息技术	5 811.96	2.6
2	数字与时尚	3 327.74	8.8
3	高端装备制造	538.98	5.1

续　表

序号	产　业　名　称	增加值/亿元	增长率/%
4	绿色低碳	1 730.62	16.1
5	新材料	871.26	21.9
6	生物医药和健康	364.74	6.7
7	海洋经济	676.78	11.5
战略性新兴产业合计		13 322.07	—

资料来源:《深圳市 2022 年国民经济和社会发展统计公报》。

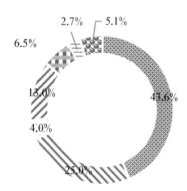

2.7%　5.1%
6.5%
13.0%
43.6%
4.0%
25.0%

□ 新一代信息技术　　· 数字经济
■ 海洋经济　　　　　· 新材料
· 高端装备制造　　　· 绿色低碳
□ 生物医药

图 43　深圳战略性新兴产业结构图

2) 深圳战略性新兴产业趋势分析

2018—2022 年的统计数据显示,深圳战略性新兴产业增加值持续增长,占 GDP 的比重总体呈上升趋势,但是七大战略性新兴产业发展状况存在较大差异。其中,新一代电子信息产业增加值总体呈上升趋势,2020 年受新冠疫情影响出现下滑;随着"数字中国"建设的加速推进,数字与时尚产业增加值持续上升,2021 年,深圳数字与时尚产业增长率高达 93.9%;受深圳制造业外迁的影响,2021 年,深圳高端装备制造产业增加值出现骤减;在"双碳"战略目标下,绿色低碳产业快速发展,2022 年,深圳绿色低碳产业增长率达 24.8%左右;海洋经济产业增加值总体呈上升趋势,仅 2020 年受新冠疫情影响出现下滑,2021 年和 2022 年深圳海洋经济产业增加值的增长率分别达 38.8%和 46.7%;受新冠疫情和国际环境影响,深圳新材料产业增加值在 2020 年和 2021 年均呈下降趋势;深圳生物医药产业快速发展,其中 2021 年深圳生物医药产业增加值的增长率达 44.4%,具体如表 51 和图 44 所示。

表 51　2018—2022 年深圳战略性新兴产业发展情况统计表

序号	产业名称	增加值/亿元				
		2018 年	2019 年	2020 年	2021 年	2022 年
1	新一代信息技术	4 772.02	5 086.15	4 893.45	5 641.66	5 811.96
2	数字与时尚	1 240.73	1 596.59	1 601.03	3 103.66	3 327.74
3	高端装备制造	1 065.82	1 145.07	1 380.69	506.53	538.98
4	绿色低碳	990.73	1 084.61	1 227.04	1 386.78	1 730.62
5	海洋经济	421.69	489.09	427.76	593.80	871.26
6	新材料	365.61	416.19	334.50	324.34	364.74
7	生物医药和健康	298.58	337.81	408.25	589.60	676.78
	战略性新兴产业合计	9 155.18	10 155.51	10 272.72	12 146.37	13 322.07
	占全市 GDP 的比重/%	36.2	37.6	37.0	39.4	41.0

资料来源：深圳市统计年鉴和深圳统计公报。

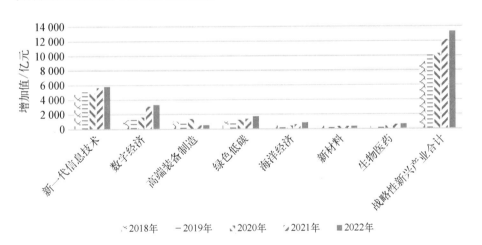

图 44　2018—2022 年深圳战略性新兴产业增加值变化图

从七大战略性新兴产业的占比来看,数字与时尚、生物医药和健康产业呈快速发展态势,其占比均大幅提升,与当前国际国内经济发展环境密切相关,数字化时代推动数字与时尚产业快速发展,新冠疫情、健康中国战略在一定程度上推动生物医药和健康产业发展;在"双碳""海洋强国"战略背景下,绿色低碳、海洋经济产业所占比重呈上升趋势;随着深圳制造业外迁,受中美贸易冲突、新冠疫情的影响,高端装备制造、新材料产业的占比出现不同程度的下滑;深圳新一代信息技术产业基础较强,在支撑其他战略性新兴产业发展壮大、优化产业结构时,其占比有所下降,符合产业发展规律,具体如表 52 和图 45 所示。

表52 2018—2022 年深圳战略性新兴产业比重情况表

序号	产业名称	占比/%				
		2018 年	2019 年	2020 年	2021 年	2022 年
1	新一代信息技术	52.1	50.1	47.6	46.4	43.6
2	数字与时尚	13.6	15.7	15.6	25.6	25.0
3	高端装备制造	11.6	11.3	13.4	4.2	4.0
4	绿色低碳	10.8	10.7	11.9	11.4	13.0
5	海洋经济	4.6	4.8	4.2	4.9	6.5
6	新材料	4.0	4.1	3.3	2.7	2.7
7	生物医药和健康	3.3	3.3	4.0	4.9	5.1
战略性新兴产业合计		100	100	100	100	100

3) 七大战略性新兴产业分析

(1) 新一代信息技术产业。

深圳是全球电子信息产业重镇,拥有雄厚的电子信息产业基础,是引领整个产业的风向标。2022 年,深圳电子信息制造业产值达 2.48 万亿元,占全国的 1/6。2022 年 6 月,深圳出台"20＋8"产业集群等系列政策,其中 20 个战略性新兴产业集群包括网络与通信、智能终端、半导体和集成电路、超高清视频、智能传感器等 5 个新一代信息技术产业集群,占比达 1/4。

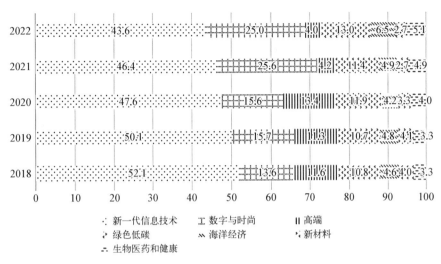

图 45　2018—2022 年深圳战略性新兴产业结构变化图

2022 年,深圳新一代信息技术产业增加值合计为 5 811.96 亿元,比上年增长 2.6%。其中,网络与通信、智能终端产业的比重较大,占比分别为 36.8% 和 36.7%;排在第 3 位的是超高清视频显示产业,占比为 16.6%;半导体与集成电路产业占比为 9.0%;智能传感器产业占比仅为 1.0%。同时,智能传感器、半导体与集成电路产业快速发展,增长率分别为 5.4% 和 0.7%;超高清视频显示、网络与通信产业的增长率分别为 2.4% 和 4.9%;智能终端产业的增长率为 3.7%,具体如表 53 和图 46 所示。

表 53　新一代信息技术产业发展情况表

序号	产　业　名　称	增加值/亿元	增长率/%
1	网络与通信	2 135.91	4.9
2	半导体与集成电路	525.29	0.7
3	超高清视频显示	963.42	2.4
4	智能终端	2 130.39	3.7
5	智能传感器	56.95	5.4
新一代信息技术产业合计		**5 811.96**	**2.6**

资料来源:《深圳统计年鉴 2023》。

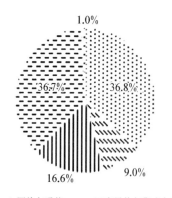

1.0%

36.7%　36.8%

16.6%　9.0%

⋮ 网络与通信　⋮⋮ 半导体与集成电路
∥ 超高清视频显示　⋰ 智能终端
⋰ 智能传感器

**图 46　新一代信息技术
产业结构图**

（2）数字与时尚产业。近年来,深圳依托数字技术发达和文化创意资源汇聚的优势,大力推动文化产业数字化,数字创意产业快速发展,增速显著高于同期全市GDP 的增速,成为深圳文化产业发展的重要特色和突出亮点。目前,深圳数字创意产业规模和发展水平全国领先。深圳数字创意与相关产业融合发展势头强劲,新型企业、新型业态、新型模式和新型消费不断涌现。

2022 年,深圳数字与时尚产业增加值合计为 3 327.74 亿元,比上年增长 8.8%。其中,软件与信息服务产业的比重较高,占比为 74.9%;数字创意、现代时尚产业的占比分别为 13.4% 和 11.7%。同时,软件与信息服务产业发展较快,其增长率为 14.6%;数字创意、现代时尚产业的增长率分别为 3.8% 和 1.9%,具体如表 54 和图 47 所示。

表 54　数字与时尚产业发展情况表

序号	产　业　名　称	增加值/亿元	增长率/%
1	软件与信息服务	2 492.72	14.6
2	数字创意	444.76	3.8
3	现代时尚	390.26	1.9
数字与时尚产业合计		**3 327.74**	**8.8**

资料来源:《深圳统计年鉴 2023》。

（3）高端装备制造产业。深圳高端装备制造产业细分领域全,企业数量多,下游产业面广,工业母机、激光加工设备、智能机器人、精密仪器设备等领域的领军企业和“小巨人”企业不断发展壮大,助力制造强市建设。2022年,深圳出台培育发展工业母机产业集群、智能机器人产业集群、激光与增材制造产业集群、精密仪器设备产业集群等行动计划,推进高端装备产品向自主化、智能化、高端化迈进。当前,深圳工业母机产业集群优势明显,数控机床产业链相对完整,初步形成集上游核心零部件和数控系统、中游机床本体和下游应用于一体的数控机床产业体系。创世纪机械自主研发的钻铣攻牙机技术处于国际先进水平,大族数控"PCB机械钻孔设备"获评国家级制造业单项冠军产品,产品市场占有率全国领先。

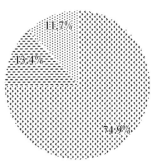

🔹软件与信息服务　　🔹数字创意
🔹现代时尚

图 47　数字与时尚产业结构图

2022年,深圳高端装备制造产业增加值合计为538.98亿元,比上年增长5.1%。其中,工业母机的比重较高,占比为44.8%;精密仪器设备、智能机器人、激光与增材制造产业的占比分别为26.1%、15.4%和13.7%。同时,工业母机产业快速发展,增长率为10.4%;智能机器人、激光与增材制造产业的增长率分别为3.8%和1.9%,具体如表55和图48所示。

表 55　高端装备制造产业发展情况表

序号	产 业 名 称	增加值/亿元	增长率/%
1	工业母机	241.48	10.4
2	智能机器人	82.95	3.8
3	激光与增材制造	73.68	1.9
4	精密仪器设备	140.88	0.5
高端装备制造产业合计		538.98	5.1

资料来源:《深圳统计年鉴2023》。

(4)绿色低碳。深圳作为国家首批低碳试点城市、碳排放权交易试点城市,始终坚持绿色发展理念。"深圳蓝"已经成为深圳城市竞争力的一张亮丽名片。在过去的20年里,深圳在治理环境污染的同时积极推动产业转型升级,先后提出了发展战略性新兴产业、未来产业的思路。2022年,深圳又提出"20+8"产业集群,推动产业绿色低碳转型是核心理念之一。

图 48　高端装备制造产业结构图

26.1%　44.8%　13.7%　15.4%

⠿ 工业母机　　　· 智能机器人
⫶ 激光与增材制造　∴ 精密仪器设备

在产业转型过程中,深圳通过本地化的应用助推新能源汽车等绿色低碳产业快速发展。

2022 年,深圳绿色低碳产业增加值合计为 1 730.62 亿元,比上年增长 16.1%。其中,新能源产业的比重较高,占比为 46.8%;安全节能环保、智能网联汽车产业的占比分别为 23.7% 和 29.6%。同时,智能网联汽车、新能源产业快速发展,增长率分别为 46.1% 和 16.1%;安全节能环保产业增长率较低,仅 7.8%,具体如表 56 和图 49 所示。

表 56　绿色低碳产业发展情况表

序号	产 业 名 称	增加值/亿元	增长率/%
1	新能源	809.80	16.1
2	安全节能环保	409.36	7.8
3	智能网联汽车	511.46	46.1
绿色低碳产业合计		1 730.62	16.1

资料来源:《深圳统计年鉴 2023》。

（5）新材料。新材料产业作为高新技术产业和先进制造业的基础与先导,支撑其他战略性新兴产业发展。深圳重点发展的新材料产业主要包括新能源材料、电子信息材料、生物医用材料、先进金属材料、高分子材料、绿色建筑材料、前沿新材料等七大领域。近年来,在良好的发展基础、完善的政策及金融环境的支持下,深圳新材料产业呈现蓬勃发展的态势,已逐渐成为深圳新的经济增长点,其所覆盖的细分领域众多且具

29.6%　46.8%　23.7%

↘ 新能源　　Ⅱ 安全节能环保
⫶ 智能网联汽车

图 49　绿色低碳产业结构图

有明显的比较优势,其中,在新能源材料、电子信息材料等领域产业集聚效

应显著。2022年,深圳新材料产业增加值达到364.74亿元,新材料领域规模以上相关企业超过500家,拥有新材料上市公司超过40家。

然而,深圳新材料产业在基础研究、原始创新能力上,仍与国际领先水平有较大差距,尤其是高端生产装备及高精尖监测设备主要依赖进口,部分重点领域的关键核心原辅料等还受制于人。2022年6月,深圳出台《关于发展壮大战略性新兴产业集群和培育发展未来产业的意见》,明确推动新材料与新一代信息技术、新能源、生物等产业融合发展,发展电子信息材料、新能源材料等,将助推其他战略性新兴产业集群的高质量发展。

(6)生物医药和健康。深圳作为首批国家生物医药产业基地和国家自主创新示范区,其生物医药产业发展起步早、基础好,已基本形成较为完整的生物医药产业链,在细分领域涌现出海王生物、海普瑞、翰宇药业、北科生物、信立泰等一批国家级龙头企业和创新型企业,产业规模不断扩大,新业态不断发展。深圳成为继上海之后,全国第二个拥有国家药监局分中心的地区,已初步形成深圳南山高新区、坪山国家生物产业基地两大产业集聚区,处于我国生物医药产业的第一方阵。

2022年,深圳生物医药和健康产业增加值合计为676.78亿元,比上年增长6.7%。其中,高端医疗器械产业的比重较高,占比为49.1%;大健康、生物医药产业的占比分别为28.9%和22.0%。同时,随着市场需求迅速扩张,大健康产业快速发展,其增长率为8.3%,具体如表57和图50所示。

表57 生物医药和健康产业发展情况表

序号	产 业 名 称	增加值/亿元	增长率/%
1	高端医疗器械	332.04	12.4
2	生物医药	149.00	5.7
3	大健康	195.73	8.3
生物医药和健康产业合计		676.78	6.7

资料来源:《深圳统计年鉴2023》。

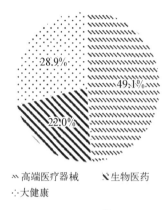

2% 高端医疗器械　　生物医药
大健康

图50　生物医药和健康产业结构图

（7）海洋经济。深圳是全国距离南海最近的超大城市和"一带一路"重要枢纽城市。随着海洋强国、全球海洋中心城市等国家战略的深入推进,深圳海洋产业规模不断壮大,产业发展空间不断完善,创新支撑能力不断增强。2022年,深圳海洋经济产业增加值达871.26亿元,各级各类涉海创新载体超过60个,关键技术不断取得突破。

然而,深圳海洋战略新兴产业占比较低、优势产业下海难;海洋电子信息技术应用场景有待挖掘,企业下海渠道尚未畅通;海洋工程装备产业关键配套设备生产依赖进口,产业链整合能力有待提升;海洋生物医药产业处于初期培育阶段,产业化水平有待提升。

5.5　战略性新兴产业代表城市比较

综合考虑国内城市战略性新兴产业的发展状况,以及统计数据的可获得性,本书选取上海、北京、深圳、广州、杭州等代表性城市,对比分析其战略性新兴产业的发展状况。从战略性新兴产业的规模来看,2022年各城市的排序依次是深圳(13 322.07亿元)、上海(10 641.19亿元)、北京(10 353.90亿元)、广州(8 878.66亿元)、杭州(1 874.00亿元);从战略性新兴产业的增长率来看,2022年各城市的排序依次是上海(8.6%)、深圳(7.0%)、北京(6.2%)、杭州(4.2%)、广州(1.7%);从战略性新兴产业的贡献率来看,2022年各城市的排序依次是深圳(41.1%)、广州(30.8%)、北京(24.9%)、上海(23.8%)、杭州(10.0%)。可见,深圳的战略性新兴产业规模和贡献率均位居首位,增长率排名第二,具体如表58和图51所示。

前文对深圳战略性新兴产业已有较深入的分析,鉴于代表性城市战略性新兴产业发展各具特色,本节分别对北京、上海、广州、杭州等 4 座城市的战略性新兴产业进行研究分析。

表 58　2022 年我国代表城市战略性新兴产业发展情况表

序号	城市	GDP/亿元	战略性新兴产业增加值/亿元	增长率/%	战略性新兴产业增加值占 GDP 比重/%
1	北京	41 610.90	10 353.90	6.2	24.9
2	上海	44 652.80	10 641.19	8.6	23.8
3	广州	28 839.00	8 878.66	1.7	30.8
4	深圳	32 387.68	13 322.07	7.0	41.1
5	杭州	18 753.00	1 874.00	4.2	10.0

资料来源:各地统计年鉴、统计公报。

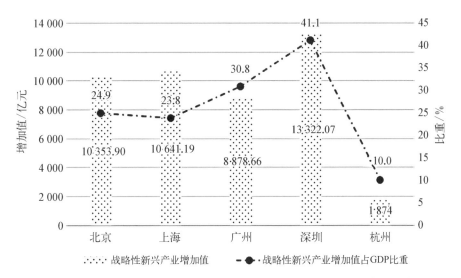

图 51　2022 年我国代表性城市战略性新兴产业增加值及其占 GDP 的比重对比图

5.5.1　北京战略性新兴产业

北京统筹疏解非首都功能,推动京津冀产业协同发展,其战略性新兴产业进入创新发展、提质增效新阶段,具体如表 59、表 60 和图 52~图 54 所示。

表 59 2016—2022 年北京规模以上工业战略性新兴产业数据统计表

年份	规模以上战略性新兴产业总产值/亿元	规模以上战略性新兴产业总产值占规模以上工业总产值的比重/%	节能环保产业占战略性新兴产业的比重/%	新一代信息技术产业占战略性新兴产业的比重/%	生物产业占战略性新兴产业的比重/%	高端装备制造业占战略性新兴产业的比重/%	新能源产业占战略性新兴产业的比重/%	新材料产业占战略性新兴产业的比重/%	新能源汽车产业占战略性新兴产业的比重/%	数字创意产业占战略性新兴产业的比重/%
2016	3 566.4	19.72	8.23	40.19	20.88	11.76	4.31	7.26	7.37	0.00
2017	4 115.7	21.77	8.51	34.74	23.73	12.22	3.71	11.17	5.12	0.66
2018	4 971.1	25.87	6.99	38.82	25.72	15.07	3.45	6.39	2.77	0.79
2019	5 127.7	26.07	6.85	38.79	27.18	14.10	3.81	6.34	2.40	0.53
2020	5 794.7	27.75	7.21	40.47	26.58	13.61	3.78	6.30	1.83	0.22
2021	9 596.2	38.40	4.28	33.39	43.65	9.07	2.88	4.78	0.81	1.13
2022	7 612.7	31.89	5.81	39.68	26.62	13.17	4.49	6.60	2.42	1.22

资料来源：北京市 2017—2023 年统计年鉴；北京市 2016—2022 年统计公报。

表 60　2016—2022 年北京科技创新数据统计表

年份	R&D 经费支出占比/%	发明专利授权量/万件	技术合同成交额/亿元
2016	5.56	4.1	3 940.8
2017	5.30	4.6	4 485.3
2018	5.21	4.8	4 957.8
2019	5.29	5.3	5 695.3
2020	6.19	6.3	6 316.2
2021	5.78	7.9	7 005.7
2022	6.32	8.8	7 947.5

资料来源：北京市 2017—2022 年统计年鉴，北京市 2016—2022 年统计公报。

图 52　2016—2022 年北京战略性新兴产业发展变化图

近年来，北京以智能制造为重要着力点，以智能化产品为重点突破，以智能化服务为延伸拓展，推动战略性新兴产业快速发展，不过仍然面临着一些问题。

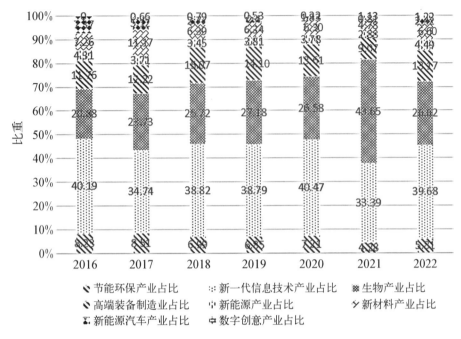

图 53　2016—2022 年北京战略性新兴产业结构变化图

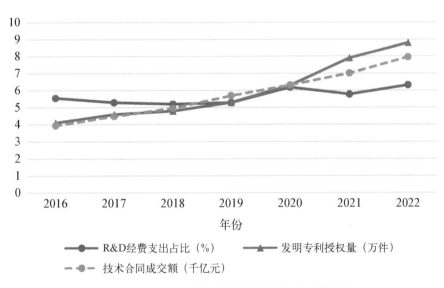

图 54　2016—2022 年北京科技创新投入产出变化图

专栏 25

北京高精尖产业发展状况

一、发展成效

产业发展能级实现跃升。 北京聚焦高精尖产业发展,塑造具有全球竞争力的"北京智造""北京服务",培育形成了新一代信息技术、科技服务业 2 个万亿级产业集群,医药健康、智能装备、人工智能、节能环保、集成电路 5 个千亿级产业集群,国家级高新技术企业、专精特新"小巨人"企业和独角兽企业数量均居全国各城市首位。2022 年,北京规模以上工业战略性新兴产业总产值为 7 612.7 亿元,其占规模以上工业总产值的比重达 31.9%。

产业布局结构全面提升。 北京深化非首都功能疏解,京津冀产业协同开创全新局面,城市副中心产业"腾笼换鸟"全面推进,高标准、高质量推进雄安新区建设,推动区域科技创新、产业布局协同联动水平进一步提高。2016—2022 年,北京新一代信息技术产业所占比重呈波动变化,节能环保、新材料、新能源汽车等产业的比重均出现不同程度的下降,生物、高端制造、新能源、数字创意等产业的比重呈上升趋势,产业结构动态优化调整。

产业创新能力显著提高。 北京跻身世界知识产权组织发布的全球百强科技集群前三名。近年来,北京高标准建设中关村、昌平、怀柔 3 个国家实验室,突破了一批"卡脖子"技术,涌现出一批世界领先的原创科技成果,推动产业高质量发展迈上新台阶。2022 年,全社会研发投入强度达 6.32% 左右,发明专利授权量由 2016 年的 4.1 万件增长至 2022 年的 8.8 万件,年均增长 13.6%;技术合同成交额由 2016 年的 3 940.8 亿元增长至 2022 年的 7 947.5 亿元,年均增长 12.4%。

二、面临的问题

北京的战略性新兴产业综合实力与首都高质量发展要求仍然

> 存在差距：一是先进制造业核心竞争力不强，对北京国际科技创新中心和现代产业体系建设支撑不够；二是从科技研发到落地转化的创新闭环尚未完全打通，战略性新兴产业持续高质量发展动能不足；三是产业数据赋能与智慧提升的潜能尚待进一步挖掘，新产业、新业态倍增发展势能释放不够；四是产业链、供应链"卡脖子"问题依然存在，产业链的活力和韧性有待进一步提升。

5.5.2　上海战略性新兴产业

近年来，上海大力培育发展战略性新兴产业，自主创新能力显著增强，发展质量持续提升，具体如表 61 和图 55～图 57 所示。

表 61　2016—2022 年上海战略性新兴产业、科技创新数据统计表

年份	战略性新兴产业增加值/亿元	工业战略性新兴产业总产值/亿元	战略性新兴产业增加值占GDP的比重/%	工业战略性新兴产业总产值占规模以上工业总产值的比重/%	R&D经费支出占GDP的比重/%	PCT国际专利授权量/千件	技术交易合同金额/千亿元
2016	4 182.26	8 307.99	15.2	26.7	3.8	1.56	0.82
2017	4 943.51	10 465.92	16.4	30.8	3.8	2.10	0.87
2018	5 461.91	10 659.91	16.7	30.6	4.0	2.50	1.30
2019	6 133.22	11 163.86	16.1	32.4	3.9	3.20	1.52
2020	7 327.58	13 930.66	18.9	40.0	4.1	3.56	1.82
2021	8 794.52	16 055.82	20.4	40.6	4.1	4.83	2.76
2022	10 641.19	17 406.86	23.8	43.0	4.2	5.59	4.00

资料来源：上海市 2017—2023 年统计年鉴，上海市 2016—2022 年统计公报。

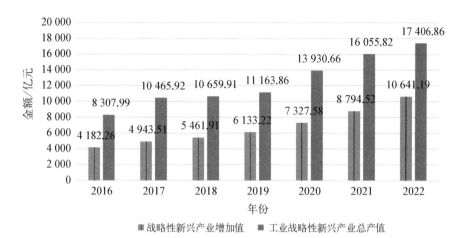

图 55　2016—2022 年上海战略性新兴产业规模变化图

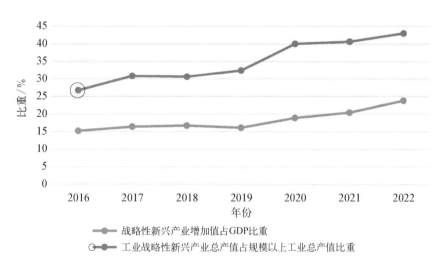

图 56　2016—2022 年上海战略性新兴产业比重变化图

上海战略性新兴产业呈快速增长态势。2022 年,上海战略性新兴产业增加值达 10 641.19 亿元,占全市 GDP 的比重达 23.8%,科创板上市企业有 78 家,总市值达 1.42 万亿元,但是仍然面临着一些问题。

图 57 2016—2022 年上海科技创新投入产出变化图

专栏 26

上海战略性新兴产业发展状况

一、发展成就

产业规模不断壮大。 近年来,上海市战略性新兴产业保持快速增长态势,新能源汽车、高技术船舶、新材料、机器人等新兴产业发展壮大,集成电路、生物医药、人工智能三大先导产业规模达 1.4 万亿元。上海战略性新兴产业增加值由 2016 年的 4 182.26 亿元增长至 2022 年的 10 641.19 亿元,年均增长 16.8%;同期,上海工业战略性新兴产业的总产值由 8 307.99 亿元增长至 17 406.86 亿元,年均增长 13.1%。

产业结构持续优化。 上海初步形成了以三大先导产业为引领、六大重点产业为支撑的新兴产业体系,其战略性新兴产业增加值占 GDP 的比重由 2016 年的 15.2% 提高至 2022 年的 23.8%;同期,其工业战略性新兴产业的产值占规模以上工业总产值的比重由 26.7% 提高至 43.0%。在上海的战略性新兴产业中,工业部分增加值由 2016 年的 43.22% 降低至 2022 年的 35.16%,服务业部分增加值由 2016 年的 56.78% 增加至 2022 年的 64.84%。

创新水平稳步提升。 上海科技创新策源功能持续增强,世界首个体细胞克隆猴、千米级高温超导电缆等一批重大创新成果持续涌现,首架 C919 大飞机正式交付,集成电路、生物医药、人工智能等重点领域关键核心技术加快突破。全社会研发经费投入强度由 2016 年的 3.8%提高到 2022 年的 4.2%,PCT 国际专利申请量由 2016 年的 1 560 件增长至 2022 年的 5 591 件,技术交易合同金额达 4 003.51 亿元。

二、面临的问题

近年来,虽然上海的战略性新兴产业发展迅速,但是面临的瓶颈问题也不容忽视。一是市场主体方面,战略性新兴产业领域缺乏有竞争力的领军企业,龙头企业数量不多,独角兽企业仍需加大培育力度,部分领域重点企业品牌优势和影响力有下降的趋势。二是市场要素方面,人才竞争加剧,高层次产业人才供给不足,对新兴产业发展的制约愈发明显,支撑关键技术研发的产业创新基础设施仍需进一步加强。三是市场机制方面,部分国有企业向新兴产业转型的动力不足,全社会鼓励创新、宽容失败的创新氛围仍需进一步提升。

5.5.3　广州战略性新兴产业

近年来,广州大力培育发展战略性新兴产业,推进经济结构战略性调整取得突破,为高质量发展提供了强劲动力,具体如表 62 和图 58～图 60 所示。

表 62　2016—2022 年广州战略性新兴产业、科技创新统计表

年份	战略性新兴产业增加值/亿元	战略性新兴产业增加值占GDP的比重/%	高技术制造业增加值/亿元	高技术制造业增加值占GDP的比重/%	R&D经费支出占比/%	发明专利授权量/万件
2016	—	—	664.55	3.4	2.34	0.77
2017	—	—	705.75	3.3	2.48	0.93
2018	—	—	777.74	3.4	2.63	1.08

续　表

年份	战略性新兴产业增加值/亿元	战略性新兴产业增加值占GDP的比重/%	高技术制造业增加值/亿元	高技术制造业增加值占GDP的比重/%	R&D经费支出占比/%	发明专利授权量/万件
2019	—	—	941.06	4.0	2.87	1.22
2020	6 757.15	27.0	1 000.35	4.0	3.10	1.51
2021	8 616.77	30.5	1 257.44	4.5	3.12	2.41
2022	8 878.66	30.8	1 359.29	4.7	3.43	2.76

资料来源：广州市 2017—2023 年统计年鉴，广州市 2016—2022 年统计公报。

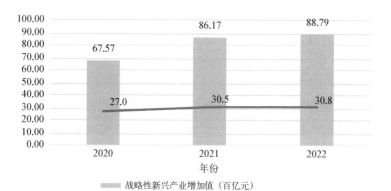

图58　2020—2022 年广州战略性新兴产业发展变化图

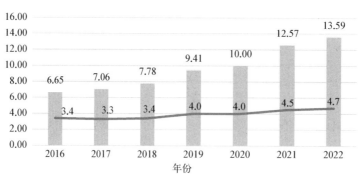

图59　2016—2022 年广州高技术制造业发展变化图

图 60　2016—2022 年广州科技创新投入产出变化图

从 2016—2022 年的统计数据来看,广州市战略性新兴产业集聚发展成效显著,产业创新效能逐步增强,但是仍然面临一些问题。

专栏 27

广州战略性新兴产业发展状况

一、发展成就

产业集聚发展成效明显。广州着力推动"3＋5＋X"战略性新兴产业成链集群发展,聚焦新一代信息技术、人工智能、生物医药、新能源汽车、新能源、新材料等重点领域,推动华星光电 T9、现代氢能、广汽丰田五线等重大项目建成投产,国产大型超高清视频转播车实现产业化,智能制造和生物医药 2 个产业集群入选国家发展改革委公布的首批战略性新兴产业集群名单。2022 年,广州"3＋5"战略性新兴产业增加值达 8 878.66 亿元,占 GDP 的比重达30.8％,高技术制造业增加值比上年增长 8.1％。

产业创新效能逐步提升。2022 年,广州高新技术企业突破1.23 万家,新增全球"独角兽"企业 9 家,增量居全国各大城市第一位,企业创新主体地位显著提升;新增高水平企业研究院 15 家,生物医药与新型移动出行未来产业科技园纳入全国首批试点;新增

2 家国家技术创新示范企业、55 家专精特新"小巨人"企业、1 家全球"灯塔工厂",培育国家级特色专业型工业互联网平台、大数据产业发展试点示范项目各 7 个;有效发明专利拥有量突破 10 万件,入选首批国家知识产权强市建设示范城市。

二、面临的问题

虽然广州的战略性新兴产业发展成效明显,但仍存在一些问题,主要表现在:一是前瞻引领性创新成果不多,部分领域核心技术受制于人;二是创新型领军企业规模不大、实力不强,具有全球影响力的新兴产业集群尚未形成;三是支持创新创业的机制有待完善,土地、资本、人才、技术、数据等要素资源配置有待进一步优化,新兴产业准入和监管体系建设相对滞后。

5.5.4 杭州战略性新兴产业

近年来,杭州市大力发展战略性新兴产业,不断提升产业的整体实力和竞争力。2022 年,杭州战略性新兴产业增加值占规模以上工业增加值的比重达 44.6%,已成为推动杭州经济高质量发展的重要引擎,具体如表 63 和图 61～图 63 所示。

表 63　2016—2022 年杭州三大新兴产业、科技创新数据统计表

年份	战略性新兴产业增加值/亿元	高新技术产业增加值/亿元	装备制造业增加值/亿元	战略性新兴产业增加值占规模以上工业增加值的比重/%	高新技术产业增加值占规模以上工业增加值的比重/%	装备制造业比重/%	R&D经费支出占比/%	新增发明专利授权量/万件
2016	812.1	1 372.9	1 249.6	27.2	46.0	41.9	3.06	0.9
2017	979.5	1 605.5	1 384.2	30.6	50.1	43.2	3.15	1.0
2018	1 135.3	1 948.4	1 531.0	33.3	57.2	45.0	3.25	1.0
2019	1 328.6	2 178.4	1 640.5	37.6	61.7	46.5	3.44	1.2

续 表

年份	战略性新兴产业增加值/亿元	高新技术产业增加值/亿元	装备制造业增加值/亿元	战略性新兴产业增加值占规模以上工业增加值的比重/%	高新技术产业增加值占规模以上工业增加值的比重/%	装备制造业比重/%	R&D经费支出占比/%	新增发明专利授权量/万件
2020	1 415.1	2 448.3	1 837.0	38.9	67.4	50.6	3.57	1.7
2021	1 850.6	2 827.7	2 061.9	45.1	69.0	50.3	3.68	2.3
2022	2 195.2	3 470.0	2 465.9	44.6	70.5	50.1	3.75	3.0

资料来源:杭州市 2017—2022 年统计年鉴,杭州市 2016—2022 年统计公报。

图 61　2016—2022 年杭州规模以上工业三大新兴产业增加值变化图

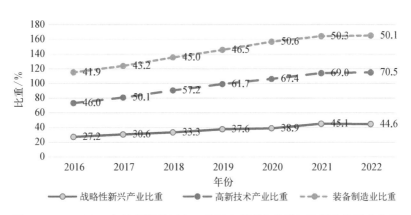

图 62　2016—2022 年杭州规模以上工业三大新兴产业增加值所占比重变化图

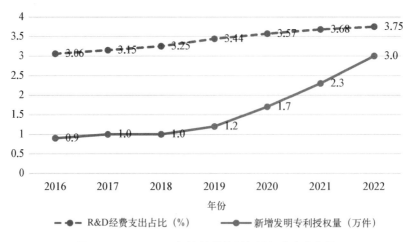

图 63 2016—2022 年杭州科技创新投入产出变化图

从以上统计数据来看,杭州市战略性新兴产业发展成效显著,产业规模不断壮大,产业结构持续优化,创新能力稳步提升,但仍然面临着一些问题。

专栏 28

杭州战略性新兴产业发展状况

一、发展成效

产业规模不断壮大。 近年来,杭州以企业为主体的产业技术创新体系进一步完善,战略性新兴产业规模持续壮大,高技术产业的创新引领功能更加凸显,对杭州经济发展的支撑作用不断增强。2022 年,杭州市战略性新兴产业增加值达 2 195.2 亿元,年均增速为 18.0%;2022 年,杭州高新技术产业增加值达 3 470.0 亿元,年均增速为 16.7%。

产业结构持续优化。 当前,杭州的战略性新兴产业发展势头良好,占全市工业增加值的比重持续提高,对经济发展的支撑带动和引领能力显著增强,从整体上推动产业结构优化升级。2016—2022 年,杭州战略性新兴产业增加值占规模以上工业增加值的比重从27.2%增长至44.6%,高新技术产业增加值占工业增加值的比重从46.0%增长至70.5%。

创新能力稳步提升。近年来,杭州深入实施创新驱动发展战略,持续推进人才、技术、资本等创新要素集聚,为杭州高质量发展提供了有力的科技支撑。2016—2022年,全社会研究与试验发展投入强度从3.06%增长至3.75%,新增发明专利授权量从0.9万件/年增长至3.0万件/年;2022年,杭州专利合作条约(PCT)国际专利年申请量达2 305件,全年技术交易总额达1 061亿元。

二、面临的问题

虽然杭州的战略性新兴产业发展取得了显著成效,但仍面临一些问题。一是自主创新基础有待夯实。相比北京、上海、深圳等城市,杭州的高端优质创新资源欠缺,全社会研究开发投入占GDP的比重较低。二是产业结构布局有待优化。杭州云计算和大数据、信息软件、电子商务、数字内容等产业增加值占战略性新兴产业总量的80%以上,产业发展不平衡、不充分,产业布局有待进一步优化。三是关键核心技术有待提升。核心芯片、芯片设计平台、高端零部件等仍受制于人,部分龙头企业不同程度地存在关键零部件、核心原材料断链风险,产业链和供应链制约成为影响杭州战略性新兴产业发展的瓶颈。

5.5.5 代表性城市战略性新兴产业分析结论

通过对代表性城市战略性新兴产业的发展任务、成就和问题等进行梳理,可知各城市地理区位、功能定位、产业基础、资源条件等存在差异,其战略性新兴产业发展各具特色,主要表现在:北京统筹疏解非首都功能,构建高精尖经济结构,推动京津冀产业协同发展;上海国有企业比重较大,支撑关键技术研发的产业创新基础需进一步加强;广州新兴产业发展生态需进一步完善;杭州新兴产业发展不平衡问题突出,数字经济产业比重过大,高新技术产业占比较低。

同时,不同城市的战略性新兴产业发展也存在诸多共性。

在发展任务方面:一是产业体系建设,北京、上海、广州均提出建立战略性新兴产业体系,新一代信息技术、生物医药与健康、智能网联新能源汽车在各城市的重点产业领域均被提及;二是产业布局优化,北京、广州提出要构建产业空间新格局;三是产业集聚发展,北京、广州、杭州提出推进产业集群发展;四是完善产业生态,广州、杭州提出完善产业生态体系;五是产业开放合作,北京、广州、杭州提出深化产业交流合作,推进产业区域协同发展;六是实施重大工程,北京提出夯实五大产业基础工程,上海提出实施六个系统支撑专项工程和四个重点领域专项工程。

在发展成就方面:一是产业规模不断壮大;二是产业结构持续优化;三是创新水平稳步提升。

5.6 深圳战略性新兴产业发展展望

5.6.1 发展趋势

从产业规模来看,深圳战略性新兴产业规模持续壮大。2018—2022年,深圳战略性新兴产业增加值由 9 155.18 亿元增加至 13 322.07 亿元,年均增长率为 9.8%。随着创新驱动发展战略的深入实施,制造强市建设的大力推进,深圳的战略性新兴产业规模将继续高速增长。

从产业结构来看,深圳战略性新兴产业增加值占 GDP 的比重呈上升趋势,由 2018 年的 37.8% 提升至 2022 年的 41.1%。2022 年,在七大战略性新兴产业中,新一代电子信息产业占比最大(43.6%),随着产业多元化发展,其比重有所下降;数字与时尚产业占比排第二(25.0%),在产业数字化升级的大背景下,数字与时尚产业呈快速发展态势;绿色低碳产业位居第三(13.0%),随着"双碳"目标的深入落实,绿色低碳产业占比呈上升趋势;海洋经济、生物医药、高端装备制造和新材料产业所占比重均较低,分别为 5.1%、2.7%、4.0% 和 2.7%,在"健康中国""海洋强国"的战略背景下,生物医药和健康产业、海洋经济呈现较好的发展态势,高端装备制造和新材料产业受制造业外迁、国际贸易形势等因素的影响,发展受限。可见,深圳的战略性新兴产业将逐步从"一业独大"向"多元支撑"的方向发展。

从产业竞争力看,深圳 PCT 国际专利申请量连续 19 年居全国第一,"从 0 到 1"的颠覆性、原创性成果不断涌现;围绕光通信、超高清视频、高端数控机床、集成电路等战略性新兴产业重点领域,深圳形成了一批自主可控的标志性成果;深圳湾实验室、鹏城实验室等瞄准世界前沿,开展前瞻性、引领性重大科学技术研究。深圳在巩固企业创新主体地位的同时,不断提升基础研究能力,产业自主创新"硬核"能力将持续攀升。

从空间分布来看,在七大战略性新兴产业的战略布局中,大鹏新区仅布局了生物医药与健康产业,盐田区有数字与时尚、生物医药与健康两大产业,其余 9 区布局了 4～5 类战略性新兴产业,其中,海洋经济产业集中在深汕特别合作区。可见,在充分考虑各区功能定位、产业基础和资源条件的基础上,深圳的战略性新兴产业分布呈现均衡化、科学化的发展趋势。

5.6.2　优化建议

当前,世界百年未有之大变局加速演进,新一轮科技革命和产业变革深入发展,全球产业结构和布局深度调整,大国竞争和博弈日益加剧,在未来较长一段时期内,战略性新兴产业将面临更加严峻的外部环境。近年来,深圳持续推动战略性新兴产业做大做强,战略性新兴产业已成为引领产业升级和经济社会高质量发展的重要引擎,但其依然面临产业布局不优、基础研究不足、自主可控能力不强等问题。为了更好地推动深圳战略性新兴产业做大做强,笔者探索提出如下对策建议。

1)全面提升创新效能

牢牢抓住科技创新这个"牛鼻子",以精准施策、精细治理的思路为战略性新兴产业发展赋能。围绕集成电路、芯片等重点领域,从技术创新主体关注的问题出发,找到"卡脖子""掉链子"的薄弱环节,支持和引导企业加强基础研究,对关键共性技术、前沿引领技术、颠覆性技术进行研究探索,提高企业的自主创新能力尤其是原始创新能力,实现更多从"0 到 1"的创新突破,打造更多具有国际话语权的产品和技术,创造竞争新优势。发挥标准对质量提升的支撑和引领作用,加快推进电子信息、高端装备、生物医药、人工智能等产业的技术标准和质量标准与国际先进技术、标准对接,强化品牌培育、发展、壮大的促进机制和政策支持,引导企业加强品牌建设,打造一批质量过硬、具有全球竞争力的"深圳品牌"。加快国家实验室"核心+基地"建设,支持深圳湾实验室、深圳国际量子研究院承担重大科研任务,充分发挥在通信高端器件、超高清视频、智能化精密工具等领域的优势,创建更多的国家产业创新中心、国家制造业创新中心、国家级工业设计中心,扎实推进产业基础再造工程和重大技术装备攻关工程,夯实科技自立自强根基。

2) 切实增强产业韧性

统筹布局战略性新兴产业,靶向施策补短板,整合资源强弱项,构建多元化、均衡化产业体系,以保障产业链供应链的完整、可控、稳定。围绕新一代信息技术产业等优势产业,找准芯片等关键核心技术和零部件的薄弱环节,集中优质资源合力攻关,推动短板产业补链、优势产业延链;推动生物医药、海洋经济等新兴产业建链强链,促进高端装备制造、新材料等产业升链,提升产业链供应链的稳定性和产业综合竞争力。支持电子信息、高端装备、生物医药、新材料、人工智能等领域培育万亿级、千亿级国家级战略性新兴产业集群,支持更多中小企业融入龙头企业供应链,提升物资生产、装备制造、零部件供应和能源原材料等供给能力,集中组织"高精尖"技术攻关联盟,破解"卡脖子"问题,占据关键核心环节,提升产业链供应链话语权、议事权和主导权,以有效承受来自国内国际偶然因素、突发事件和不利影响带来的冲击。以更大格局、更大气魄、更高水平扩大对外开放合作,做好全球生产力的布局和优化,深度参与全球产业分工合作和国际市场竞争,增强产业综合竞争力,提升产业链供应链的稳定性和安全性。

3) 持续完善产业生态

持续完善产业空间、金融、人才和公共服务等政策支持体系,引导更多资源要素向战略性新兴产业流动,形成有利于战略性新兴产业发展的良好生态。统筹优化全市战略性新兴产业空间布局,加大 20 个战略性新兴产业空间保障力度,保质保量完成"工业上楼",提供高品质、低成本产业空间任务,为打造现代化产业园区和世界级"灯塔工厂"提供空间要素保障。充分发挥政府资金的引领和杠杆作用,吸引更多社会资本投向创新创业投资领域,促进资本与技术的有效结合,实现 20 个战略性新兴产业"一集群、一基金"全覆盖,畅通金融服务实体经济的血脉。深入实施人才强市战略,完善具有全球竞争力的人才政策体系,构建以创新价值、能力、贡献为导向的人才评价体系,完善全方位、全周期人才服务体系,让各类人才在深圳这片创新创业的热土上尽展其能、成就梦想。深度参与粤港澳大湾区建设,加强与周边地区的产业协同,联合建设战略性新兴产业集群,打造联动发展新格局。深化"放管服"改革,以企业需求为中心,坚持问题导向,围绕企业全生命周期的痛点、难点、堵点问题,精准施策,助推深圳把一流营商环境打造成为最闪亮的金字招牌。

6

未　来　产　业

何为未来产业？在产业发展逻辑中理解未来产业，需要重点辨析的是战略性新兴产业和未来产业的关系。战略性新兴产业是指已完成突破性技术试错，已确定产业形态和明晰发展模式的产业、产业体系和产业集群。其重要特征是：重大技术突破、重大发展需求、重大成长潜力和重大引领带动作用。与战略性新兴产业不同的是，未来产业着眼于人们对未来的畅想，具有较强的前瞻性和不确定性。未来产业正处于科技创新和产业创新的试错阶段，正在创造新应用场景和新消费需求，并催生新产业、新业态和新模式。如果说在技术进步缓慢的年代，新产业主要是需求导向的产物，那么，在技术进步加速的年代，新产业则是在供给创新和需求导向共同驱动下形成的。重大技术突破将会释放出极强的供给能力和巨大的市场需求，使未来产业成为对经济社会产生广泛带动作用的战略性新兴产业。

6.1　深圳率先提出并定义中国未来产业发展

2019 年 2 月 7 日，美国白宫科技政策办公室（OSTP）发布报告——《美国将主导未来产业》。这一文件将人工智能、先进制造、量子科技、5G四大关键技术领域视为美国的"基础设施"，要求加大投资并放松监管，营造更加宽松的发展环境。2021 年 1 月，美国总统科技顾问委员会建议拜登政府建设未来产业研究所，开展未来产业交叉研究，促进从基础研究、应用研究到新技术产业化的创新链全流程整合。2018 年，英国国家科研与创新署启动"未来领导者研究基金计划"，投入专项资金资助未来产业创新领域的年轻研究员，为开发未来新产品和新技术提供机会。2019 年 9 月，德国联邦教育与研究部发布《高科技战略 2025》,明确自动驾驶、智能诊治等 10 项未来研究。与这些时间点和有关报告的内容相比,深圳提出并规划未来产业发展是超前的。

6.1.1 深圳规划发展未来产业历程

深圳是我国第一个规划和发展未来产业的大城市。在率先编制和发布战略性新兴产业振兴发展规划和相关产业政策的基础上,深圳市人民政府在《深圳市国民经济和社会发展第十三个五年(2016—2020)规划》(以下简称深圳"十三五"规划)中,系统阐发了发展未来产业的战略部署。

深圳"十三五"规划提出,超前布局梯次型现代产业体系,经济结构战略性调整取得实质性突破,并要求未来产业超前布局,不断创造新的优质产业增量。在现代化产业体系中,战略性新兴产业和未来产业均为先导性产业,其区别主要在于产业化水平和创新程度,前者的产业化水平高于后者,后者的科技创新和产业创新程度高于前者。未来产业是对未来经济发展模式具有颠覆性影响的新兴或者处于萌芽状态的产业,而战略性新兴产业则是技术和产业化均相对成熟的产业。

在深圳"十三五"规划的第五章"建设更具辐射力带动力的全国经济中心城市",专节阐述"加快发展未来产业",其主要内容包括:拓展未来产业发展空间,加大生命健康、航空航天、机器人、可穿戴设备和智能装备等未来产业培育发展力度,围绕生命信息、高端医疗、航空电子、无人机、机器人、智能制造成套装备等重点领域,组织实施一批发展前景好、技术水平高、价值含量高的重大项目,形成新的经济增长点。培育壮大蓝色经济,实施国家海洋工程装备应用示范工程,重点在深水、绿色、安全的海洋高技术领域取得突破,优先发展海洋电子信息、海洋生物、海水淡化等产业,组建深圳海洋研究院,打造全国海洋经济科学发展示范市。统筹推进军民融合创新,积极承接国家军民融合重大项目,加快形成全要素、多领域、高效益的军民科技深度融合发展新格局。紧密跟踪全球科技和产业发展趋势,超前谋划一批新的未来产业。到 2020 年,未来产业规模达到 1 万亿元。未来产业重点领域包括:卫星制造与应用、航空电子设备、机器人、可穿戴设备、新型健康技术。

《深圳市国民经济和社会发展第十四个五年(2021—2025)规划和二〇三五年远景目标纲要》(以下简称深圳"十四五"规划)进一步全面阐明了深圳"构建高端高质高新的现代产业体系"的构想,并提出"构建未来产业策源地"的具体思路。深圳"十四五"规划指出,实施未来产业引领计划。开展对产业变革趋势和重大技术的预见,前瞻布局前沿技术创新领域,搭建现实应用模拟场景,打造一批未来产业策源地。加强 6G 通信网络关键技术和网络架构前期研究,重点研究支持 6G 时代超高速数据流的新型内容分发和传送技术。强化量子科技发展系统布局,重点培育量子通信、量子计算等细分产业。参与国家深海科学研究,攻关深海进入、深海探测、深海开发方面的关键技术,研制深海空间站、全海深潜水器等重大装备。参与国家深空探测及空间飞行器在轨服务与维护系统研制,深化北斗系统推广应用,支持高通量卫星宽带通信系统发展。开展电解水制氢、固态储氢、电堆以及动力总成等关键技术攻关,积极构建氢能产业创新体系。

在深圳超前提出发展未来产业的启发和引领下,中央政府和有关城市政府也先后做出了发展未来产业的规划和部署。《中华人民共和国国民经济和社会发展第十四个五年(2021—2025)规划和 2035 年远景目标纲要》(以下简称国家"十四五"规划)既从一般意义上提出了发展未来产业的要求,也具体谋划了未来产业的中长期发展。国家"十四五"规划指出,"着眼于抢占未来产业发展先机,培育先导性和支柱性产业,推动战略性新兴产业融合化、集群化、生态化发展,战略性新兴产业增加值占 GDP 的比重超过 17%";"立足产业规模优势、配套优势和部分领域先发优势,巩固提升高铁、电力装备、新能源、船舶等领域全产业链竞争力,从符合未来产业变革方向的整机产品入手打造战略性全局性产业链"。这些是一般意义上的要求。

国家"十四五"规划第九章第二节"前瞻谋划未来产业"提出了未来产业发展的具体领域,"在类脑智能、量子信息、基因技术、未来网络、深海空天开发、氢能与储能等前沿科技和产业变革领域,组织实施未来产业孵化与加速计划,谋划布局一批未来产业。在科教资源优势突出、产业基础雄厚的地区,布局一批国家未来产业技术研究院,加强前沿技术多路径探索、交叉融合和颠覆性技术供给。实施产业跨界融合示范工程,打造未来技术应用场景,加速形成若干未来产业"。

2021 年,我国有 24 个城市的 GDP 总量超过 1 万亿元。在这些城市中,有 16 个城市(北京、上海、广州、深圳、重庆、成都、杭州、武汉、南京、无锡、长沙、郑州、佛山、济南、合肥、东莞)在相关规划和政策性文件中提出发展未来产业,占比为 66.67%。它们所提及的未来产业涉及 23 个行业,主要是类脑智能、量子信息、基因与细胞技术、第六代移动通信、氢能与储能、空天深地深海、光子芯片和区块链等。

6.1.2 深圳规划发展未来产业提质增速

2022 年 6 月,深圳市政府发布《关于发展壮大战略性新兴产业集群和培育发展未来产业的意见》。当月,深圳市科技创新委员会、深圳市发展和改革委员会、深圳市工业和信息化局发布《深圳市培育发展未来产业行动计划(2022—2025 年)》(以下简称《行动计划》)。这两个文件对深圳培育发展未来产业做出了重要部署和安排,有力推动了深圳未来产业的发展。

《行动计划》明确了两类未来产业的发展重点。第一类是 5～10 年有望成长为战略性新兴产业的未来产业,包括合成生物、区块链、细菌与基因、空天技术 4 个未来产业。其中,合成生物产业重点发展合成生物底层技术、定量合成生物技术、生物创制等。区块链产业重点发展底层平台技术、区块链＋金融、区块链＋智能制造、区块链＋供应链等。细胞与基因产业重点发展细胞技术、基因技术、细胞与基因治疗技术、生物育种技术等。空天技术产业重点发展空天信息技术、先进遥感技术、导航定位技术、空天装备制造等。第二类是 10～15 年内有望成长为战略性新兴产业的未来产业,包括脑科学与类脑智能、深地深海、可见光通信与光计算、量子信息 4 个未来产业。其中,脑科学与类脑智能产业重点发展脑图谱技术、脑诊治技术、类脑智能等。深地深海产业重点发展深地矿产和地热资源开发利用、城市地下空间开发利用、深海高端装备、深海智能感知、深海信息技术等。可见光通信与光计算产业重点发展可见光通信技术、光计算技术等。

量子信息产业重点发展量子计算、量子通信、量子测量等。

2024 年 3 月,深圳市委、市政府印发《关于加快发展新质生产力进一步推进战略性新兴产业集群和未来产业高质量发展的实施方案》(以下简称《实施方案》)。《实施方案》在总结产业集群发展规律的基础上,结合深圳发展实际进行了动态调整。其中,未来产业新增智能机器人产业和前沿新材料产业,区块链产业并入软件与信息服务产业集群,可见光通信与光计算产业调整为光载信息产业,脑科学与类脑智能产业调整为脑科学与脑机工程产业。同时,结合产业发展成熟度,着力推动合成生物、光载信息等 4 个未来产业,5~10 年内产业规模实现倍数级增长;推动脑科学与脑机工程、深地深海等 4 个未来产业,10~15 年内发展成为战略性新兴产业的中坚力量。

6.2　深圳超前规划并发展未来产业的主要原因

从一般意义上说,未来产业是新兴产业发展的逻辑延伸,是创新驱动发展的必然产物。在这个意义上,深圳与发达经济国家的城市和中国其他城市并无不同。在我国,为什么率先提出并布局未来产业发展的城市是深圳?事实表明,深圳高技术产业、战略性新兴产业发展到一定阶段,增加值占比达到较高水平后,客观上要求前瞻谋划未来产业,增强产业发展乃至经济发展的核心竞争力与潜在能力,以占据全球竞争的新赛道和制高点。

在任何时候、任何情况下,创新驱动发展的原动力总是来自需求和供给两个方面。源自市场和市场主体的需求,包括尚未转化为现实购买力的潜在需求,它是推动技术创新及其成果产业化的需求侧原动力。未来产业是满足人类发展新阶段生产、生活、生态"三生"发展需求的产物,即更为先进、高效、智能和低碳绿色的生产方式,更高品质、种类丰富的产品和生活健康服务,更为和谐、可持续的人与自然相处方式。各国的未来产业主要围绕智能、健康、低碳三个赛道展开,聚焦尖端前沿技术,探索产业化路径,既与现实场景紧密结合,又不断突破想象,开辟全新应用和消费场景。智能是为人类服务的,而非取而代之,量子通信、未来网络、智能装备、智能产品有望普及。合成生物、细胞和基因等生命科学继续探索生命健康的奥秘，为人类发展构筑更为全面、人性化的医疗健康服务保障。氢能、3D打印、新材料、新能源汽车等产业多维开拓低碳发展之路。

专栏 29

数字经济带动 NFT 产业发展

NFT（非同质化通证）是唯一且不可互换的数据单元，可以表示相关数字资产（如图像、音乐或视频）的所有权，因此成为一种数字所有权证书。随着数字经济的快速发展及数字商品的不断丰富，NFT 产业近年来发展势头迅猛。据估计，2021 年全球 NFT 市场规模超过 400 亿美元，用户体量和市场供给量均在百万级以上，已被视为数字内容的未来业态，且成为欧美发达国家重点推动发展的未来产业之一。随着 NFT 技术的不断发展，其独特的去中心化、资产加密和不可篡改的特征可逐步应用于新的场景之中，用于代表更广泛的数字和实体商品所有权。甚至有人提出，理论上"万物皆可 NFT"。目前，NFT 已在元宇宙、Web3.0、数字娱乐、数字艺术、数字时尚、数字游戏、数字出版、数字音乐、网络视频等未来产业和新兴业态领域得到了广泛应用。尤其是在 2021 年，数字视觉艺术家 Beeple 的一幅 NFT 数字艺术品《每一天：前 5 000 天》（*Everyday: The First 5 000 days*）在纽约佳士得拍卖行以 6 930 万美元成交，刷新了数码艺术品拍卖纪录。这充分显示出 NFT 的商品价值已经得到了市场的高度认可。受此推动，NFT 的主要交易平台 OpenSea 市场估值已达到 133 亿美元，成为平台经济中的新巨头。然而，NFT 产业由于业态较为新颖，仍在不断成熟和推广过程中，还有很多可开发的应用领域，需要解决资产风险、所有权合法性以及非法交易等问题，有待未来监管政策的完善和市场秩序的规范。

资料来源：渠慎宁.NFT 产业：理论解构、市场逻辑与趋势展望[J].改革，2023(4)：70 - 80.

6.2.1　新兴产业和创新驱动共同构成深圳未来产业发展的直接原因

未来产业是原创技术、集成技术,尤其是革命性、颠覆性原创技术和集成技术产业化的成果,是高技术产业、战略性新兴产业的逻辑延伸。技术创新是未来产业的供给侧原动力。产业技术突破是从供给侧推动未来产业发展的引擎。在当前基础研究与应用研究和产业化非线性互动加剧、一体化发展加速的趋势下,人工智能、生物医学、物理学等跨学科交叉渗透产生的大量新兴技术生长点成为技术突破的重要源头。未来产业的发展,在技术方向上要瞄准可能产生革命性突破的重点方向和国际科学前沿领域,从国家战略需求视角出发,前瞻部署引领前沿技术发展的应用基础研究,拓展不同领域方向的交叉融合,鼓励多条技术路线并举竞争,充分利用好全球的开放科学、开放数据资源,通过跨领域、多学科的综合交叉,开辟一批有望引领世界前沿的产业技术方向。同时,前沿技术突破的高风险性、高不确定性以及高投入性的特点,对创新资源配置方式提出了挑战。未来产业的发展,需要在统筹应用已有战略性新兴产业良好创新平台和协作网络的基础上,布局面向未来产业的创新平台与公共基础设施,加大跨领域、跨部门、跨行业的创新资源整合力度,加强知识产权服务、质量基础设施等共性平台建设,提升未来产业综合服务供给能力,从加快产业技术突破、建设共性产业平台、灵活要素配置方式、强化场景和生态培育等多角度夯实未来产业的发展基础。

6.2.2　完善的创新和产业生态系统促进深圳未来产业发展

在市场机制和技术创新深刻交织的背景下,需求和供给的关系表现为需求导向和供给创新(即供给创造需求)协同作用的特征。供给创造需求日益成为满足市场新需求的主导性力量。未来产业就是这个主导性力量的产物。无论是需求导向,还是供给创造需求,都是市场主体在起作用,也就是企业家等相关主体在特定制度环境中起作用。尤其在供给创造需求的过程中,创业者、企业家和投资家的经济试错,科学家、工程师和技工的技术试错,共同决定着供给创造需求的成功率和未来产业发展的水平。这些试错的成功率在很大程度上是由创新和产业生态决定的。正如我们在

第1章所说的,与我国其他城市相比,深圳行业发展最为显著的差异,就在创新和产业生态系统。深圳未来产业发展同样得益于这一生态系统。因此,深圳未来产业发展的根本原因在于较为完善的创新和产业生态系统。

专栏30

2022年深圳产业生态建设情况

2022年,深圳加快建设以企业为主体的成果转化基地,工程生物产业创新中心、脑科学技术产业创新中心等产业创新中心建成运营,新增市级以上孵化器、众创空间34家。发行知识产权证券化产品金额达40.5亿元,稳居全国城市首位。创新原动力加速集聚。入选国家科技人才评价改革试点,新增全职院士17人,院士总数达91人,高层次人才累计超过2.2万人。大力促进教育、科技、人才融合,首次采用"一展两馆多地"模式举办第二十四届高交会,展出面积为历届之最;首次联袂高交会举办2022西丽湖论坛;成功举办中国国际人才交流大会、全球创新人才论坛、青年科学家502论坛。

资料来源:深圳市第七届人民代表大会第四次会议[EB/OL].(2023-02-15)[2024-01-20].http://www.sz.gov.cn/cn/xxgk/zfxxgj/zwdt/content/post_10428233.html.

6.2.3　政府在创新和产业生态中的作用

除了上述主体之外,政府在创新和产业生态中也发挥了独到的作用。《硅谷生态圈:创新的雨林法则》的两位作者维克多·黄和格雷格·霍洛维茨,都是浸淫风险投资行业多年的投资家。他们的观察和研究发现,"凡是与创新有关的地方,市场都是非常低效的。这个观点会令许多人震惊。开始的时候,我们并不认为政府是创新中必不可少的因素,但是,我们的亲身经历告诉我们,公共机构承担了远比一般思维中所认为的更加重要的角色"。这是因为创业创新活动的成功率很低,从0到1的新创公司往往比较脆弱,所以政府在创新和产业生态中有着发挥作用的空间。深圳的市、区两级政府都将服务于科技创新和产业创新作为自身的重要职能,进而在创新和产业生态中起到重要作用。

近年来,深圳深入实施创新驱动发展战略,大力推进制造强市建设,持续推进产业转型升级,推动战略性新兴产业发展取得积极成效。深圳规模以上工业总产值连续 3 年位居全国城市首位,新一代信息通信等 4 个集群入选国家先进制造业集群,新型显示器件等 3 个集群入选首批国家级战略性新兴产业集群发展工程。这是深圳率先规划并发展未来产业的现实基础。

专栏31

深圳市 2022 年国民经济和社会发展计划执行情况

2022 年深圳市经济发展稳中提质。大力实施推动经济社会高质量发展"十大计划",经济增长实现 3 个突破:① 经济总量突破 3.2 万亿元,达到 3.24 万亿元,增长了 3.3%,增速高于全国和全省;② 规模以上工业总产值为 4.55 万亿元,增长了 7%;③ 规模以上工业增加值突破 1 万亿元,达到 1.04 万亿元,增长了 4.8%;规模以上工业总产值和全口径工业增加值实现全国城市"双第一"。20 个战略性新兴产业集群增加值增长了 7%,规模达到 1.33 万亿元,占 GDP 的比重突破 40%,达到 41.1%。质量效益稳步提升。高起点提升现代服务业发展能级。2022 年,深圳现代服务业增加值为1.52 万亿元,占服务业的比重为 76.3%。深圳的金融业综合实力和创新能力持续提升,金融业增加值为 5 138 亿元,增长了8.2%,全球金融中心指数排名提升至第九。

资料来源:深圳市第七届人民代表大会第四次会议[EB/OL].(2023 - 02 - 15)[2024 - 01 - 20].http://www.sz.gov.cn/cn/xxgk/zfxxgj/zwdt/content/post_10428233.html.

6.3 未来产业的主要特点及深圳的特征性事实

关于未来产业的主要特点,目前达成的初步共识如下:第一,以重大科技创新为引领,前沿技术、颠覆性技术是孕育未来产业的基础;第二,需要长周期、高投入,未来产业不是"摘科技树上低垂的果实",从技术萌芽到产业化,需要十年磨剑,前期需要持续投入和研发,可能是没有产出的状态;第三,具有生态属性,更加需要企业家、科学家、风险投资家协同互动,通过生态协同催熟未来产业;第四,可能会颠覆现有规制,由于未来产业可能起源于颠覆性技术,对既有产业的产品形态、业务流程、商业模式、生产方式、组织方式等可能产生颠覆性的冲击。

与上述特点息息相关,深圳在企业和政府两个方面,形成了未来产业发展的特征性事实。

6.3.1 市场因素主导下未来产业的发展特征

特区体制和长期的市场经济实践,使深圳先于其他城市确立了企业研发及技术成果产业化的主体地位。这是未来产业发展的基础性条件。在改革开放起步的时候,中国没有作为市场主体的企业和企业家,也就不存在企业家主导的创新过程。在长三角、京津冀等地区,不存在市场主体,但存在"大院大所",出现科研机构主导的创新模式是再自然不过的事情。在珠三角,尤其是在深圳,少有"大院大所",但在特区体制的驱动下,深圳早于其他城市出现了一批民营市场主体。这些市场主体在经历了"贸易—生产—技术(贸工技)"的过程后,产生了巨大的研发创新需求,以华为为代表的一批科技型企业的成长就是经典案例。

专栏32

深圳企业 R&D 投入持续增加

《2022 深圳 500 强企业发展报告》由深圳市企业联合会、深圳市企业家协会发布。该报告指出,2022 年,深圳 500 强企业研发投入规模接近 3 700 亿元,同比增长 16.33%,较 2021 年深圳 500 强上榜企业增长 16.23%;专利总数再创新高,402 家企业累计形成专利量 35.93 万件,较 2021 年深圳 500 强上榜企业增加 17 家、1.21 万件专利量;踊跃参与行业标准制定,206 家企业形成 2 724 项国家/

国际行业标准,较 2021 年深圳 500 强上榜企业分别增加 24 家及 277 项。

其中,华为凭借超过 1 427 亿元 R&D 投入规模位居榜首,其次是腾讯 518.8 亿元的 R&D 投入。中兴通讯、中国平安、富士康、比亚迪也达到了百亿元的 R&D 投入规模。华为、中兴通讯、腾讯、比亚迪 4 家企业累计拥有专利数量 21.85 万件,占深圳专利总数的比重接近 61%。

资料来源:深企 500 强去年总营收超 10 万亿元[EB/OL].(2022-09-22)[2014-01-20].https://www.sz.gov.cn/cn/xxgk/zfxxgj/zwdt/content/post_10129141.html.

早在 2005 年,深圳科技局就做了一项调研,结果表明,深圳的高科技公司 97% 都是通过需求导向模式开展创新的,极少有通过成果转化方式开展创新的。十多年过去了,可以看到,深圳崛起了一批各种规模的高科技公司。中国的其他城市当然也有这样的高科技公司,但不像深圳那么集中,而且深圳的高科技公司绝大多数是民营企业。深圳已经形成了比较完善的创新和产业生态,产生了一批创新和新兴产业集群。由此表明,以深圳为代表的企业主导的自主创新模式,有着高于其他创新模式的创新效率。2021 年,反映城市技术创新能力的每万人授权专利数量,深圳在 GDP 总量超过 5 000 亿元的 54 个城市中位居第一。创新效率决定着创新成果的高质量和创新活动的可持续。未来产业就是高质量持续创新的产物。

6.3.2 政府因素主导下未来产业的发展特征

深圳市政府坚持创新要素向企业聚集,推动多元主体协同创新,为未来产业发展创造多方面有利条件。这些方面的主要工作是,加强自主创新能力建设,加大基础研究尤其是应用基础研究投入力度,提高科学研究成果供给质量,为未来产业发展提供原动力;围绕未来产业布局方向,强化各层次、各类型专业人才培养;将科技投入向创新链前端转移,增强地方政府科技投入的研发导向功能,在充分发挥地方政府积极性的同时,遵循产业发展规律,防止"运动式"培育;当前未来产业发展整体上处于孕育试点阶段,需要在科研管理、评价体系、人才培养、场景应用、宽容失败等多个方面深化体制机制改革创新,为未来产业高质量发展塑造良好的创新生态;把局部先发优势升级为长期综合优势,持续完善科技创新体系,推动形成更加开放、鼓励自由探索、包容失败的创新氛围和文化,为高水平创新提供全方位土壤;加快建设现代化产业体系,强化现有产业升级与未来产业培育之间的有机联系,实现两者之间的高水平相互促进;推动竞争政策和产业政策协同,密切跟踪研究产业和经济变革对社会的影响,确保实现经济社会发展全局和长期效益最大化。

6.3.3 珠三角与长三角创新模式对比

比较长三角和珠三角创新模式,长三角确实有优于珠三角的优势。长三角是目前为止国内创新水平、创新能力、城市发展水平最高的区域。同时,长三角是我国经济发展最强劲、创新要素最完备的跨省域创新区。在长三角城市群中,有像上海这样的经济中心、科学中心、金融中心、贸易中心和航运中心,也有像南京、杭州和合肥这样的科学中心和产业中心,还有像宁波、苏州、无锡、台州这样的产业中心。长三角的创新模式有着自身的鲜明特点。但近年来,以深圳为代表的珠三角创新模式正在发生积极的深刻变化。深圳未来产业的超前发展就是最好的证明。

首先,长三角的高等院校和研究机构远多于珠三角,上海的高等院校和研究机构远多于深圳,这是不争的事实。在创新驱动、转型发展的背景下,高水平大学和研究机构对城市产业发展的作用,比以往任何时候都重要。正是基于这样的认识,深圳比中国任何一座城市都更加重视大学的建设。

其次,长三角中心区发展水平相对均衡,上海的发展腹地远大于深圳,因此,上海及长三角其他中心城市与周边城市形成了更大范围的分工协同发展格局。正在规划建设中的深圳都市圈、广州都市圈将进一步优化珠三角的空间结构,并逐步突破粤港澳大湾区"9+2"的地域范围,谋求更大的发展空间。

最后,长三角形成了知识引领性增长格局,大学创造的知识成为一个地区增长的引擎。一如上述,高水平大学对城市经济和产业发展的重要性,是怎么估计都不为过的。大学要为解决创新的最后一米作出贡献,形成知识从点到线到面的拓展过程。这个过程在长三角形成的能力、强度是较高的。但是,企业创造的技术同样是地区增长的引擎。在珠三角,企业研发机构在解决创新的最后一米上作出了卓有成效的贡献。不仅"6 个90％"足以说明这个问题,而且,在深圳的全部基础研究经费中,企业基础研究经费达 79.84 亿元,占比为 65％,居全国大中城市首位,且为全国企业基础研究经费总量的 47.9％,这对深圳创新模式的特点,给出了更加有力的注解。

长三角(上海)和珠三角(深圳)两种创新模式各有所长,也难免有各自的不足。从大道理上讲,它们之间应该彼此借鉴、互相学习。但毋庸讳言,这两种模式形成的历史背景不同,成长的客观条件不同,它们都在按照自身的逻辑发展,有些东西是难以借鉴,很难学习的。这本来很正常,不应该褒此贬彼,抑或相反。我们相信,在全面深化改革、推进高质量发展的大背景下,我国的这两种创新模式将出现相向而行的趋势,共同为创新驱动、新兴产业和未来产业发展作出各自的贡献。

6.4　深圳发展未来产业的有利条件及痛点难点

6.4.1　深圳发展未来产业的有利条件

1) 地理位置优越和国家战略支持

深圳地处中国广东省南部、珠江三角洲东岸,地理位置得天独厚。深圳作为粤港澳大湾区的核心城市之一,可以充分利用大湾区内的资源优势,与其他城市形成优势互补、协同发展的格局。这种区域合作将为未来产业提供强大的发展动力。作为连接中国内地与香港的桥梁,深圳能够便捷地对接国际资源,同时辐射内陆广阔的市场,为未来产业的产品和服务提供快速通道。近年来,中国—东盟经贸合作更加紧密,深圳拥有强大的制造业和服务业实力,东南亚国家在资源、劳动力等方面具有优势,双方在经贸领域具有较强的互补性。得益于地理优势,深圳可以通过加强与东南亚国家的合作,获取更多的资源和市场机会,为未来产业发展拓展更多的战略合作空间。

深圳作为中国特色社会主义先行示范区,享有国家赋予的一系列特殊政策和改革自主权,这为深圳探索制度创新、优化营商环境、吸引高端要素集聚提供了强大动力。另外,作为粤港澳大湾区的核心城市之一,深圳在区域协同发展、科技创新合作、金融市场互联互通等方面扮演着关键角色。国家战略层面的支持,如《粤港澳大湾区发展规划纲要》的出台,为深圳发展未来产业提供了广阔的空间和政策保障。国家层面高度重视创新驱动发展,深圳作为全国科技创新中心之一,得到了中央政府在资金投入、科研项目布局、创新平台建设等方面的大力支持,为其未来产业的孵化和壮大提供了坚实基础。深圳拥有多个国家级新区和产业园区,如前海深港现代服务业合作区、深圳湾科技生态园等。深圳作为对外开放的窗口,国家支持其进一步扩大开放,包括深化自由贸易试验区建设,推动更高水平的对外开放政策等,为深圳未来产业的国际化发展创造了有利条件。

2)完善的产业链与产业生态

(1)产业链齐全。深圳已经形成了从上游原材料供应、中游设计与制造到下游市场应用的完整产业链条。特别是在电子信息、通信设备、智能制造、新能源、生物科技等领域,深圳的产业链条不仅在国内领先,在国际上也极具竞争力。例如,深圳是全球最大的电子产品制造基地之一,拥有从芯片设计、软件开发到硬件生产的全链条能力,为未来产业发展等提供了坚实的产业基础。

(2)产业集聚效应。深圳拥有多个特色产业集聚区,如南山科技园、福田保税区、宝安区的智能制造基地等,这些区域聚集了大量的相关企业和研发机构,形成了显著的产业集聚效应。这种效应促进了知识交流、资源共享、协同创新,降低了企业间的交易成本,加速了技术迭代和产品创新。

(3)产业生态多样性。深圳的产业生态具有多样性,涵盖了从初创企业到跨国公司的各种类型和规模的企业。这种多样性不仅有利于形成良性的竞争环境,推动企业的创新和发展,还有利于形成多元化的产业生态,满足不同领域、不同层次的需求,为未来产业发展提供良好的环境。

3) 强大的创新能力与创新氛围

(1) 高水平研发机构汇聚。深圳聚集了一大批高水平的研究机构和创新平台,如中国科学院深圳先进技术研究院、深圳湾实验室、鹏城实验室等,这些机构在量子科学、人工智能、生物医学、新材料等领域开展前沿研究,为深圳未来产业的创新发展提供了源头活水。

(2) 企业创新主体地位突出。深圳拥有一大批具有自主创新能力的高新技术企业,如华为、腾讯、大疆、比亚迪等,它们不仅在各自领域内处于国际领先地位,还带动了产业链上下游企业的技术创新。这些企业不仅研发投入高,而且重视自主研发,专利申请量和授权量居全国前列,是推动深圳未来产业发展的主力军。

(3) 活跃的创新创业氛围。深圳拥有敢为人先、宽容失败的创新文化,鼓励尝试、支持探索,为创新者提供了宽松的社会氛围。这种文化使得深圳成为孕育新思想、新商业模式的摇篮,对于未来产业的发展至关重要。深圳的创新创业氛围十分活跃,吸引了大量的创新型人才和创业团队。这里有众多的孵化器和加速器,为初创企业提供了全方位的创业支持。

4) 优越的创新环境和政策支持

(1) 丰富的政策支持。深圳政府一直致力于打造鼓励创新的政策环境,为企业和科研机构提供了丰富的创新资源和政策支持。政府设立了各种创新基金和科研项目,对具有创新性的研发项目进行资助,鼓励企业加大研发投入。同时,政府还提供了税收减免、知识产权保护等一系列政策,为企业创新提供了良好的外部条件。

(2) 创新生态体系完善。深圳构建了一个由政府、企业、高校、研究机构和金融服务机构等多元主体共同参与的创新生态系统。政府通过制定优惠政策、提供研发资金支持、打造公共服务平台等方式,引导和支持创新活动。企业特别是高科技企业和初创企业,是创新的主要驱动力。深圳的大学和研究机构则为产业提供人才和科研成果。此外,风险投资和天使投资活跃,为创新项目提供了充足的资金支持。

(3)产业服务平台助力。深圳建立了众多服务于产业的公共平台和专业服务机构,包括孵化器、加速器、检测认证中心、知识产权服务中心等,为企业发展提供了全方位的服务。这些平台旨在帮助致力于进入未来产业的企业在初创期快速成长,在成熟期实现技术突破和市场扩张。

5)国际化程度高、开放性强

(1)高度国际化的经济体系。深圳作为中国最早的经济特区之一,自改革开放以来就始终秉持着开放的理念,与全球各地建立了广泛的经贸联系。深圳的企业积极参与全球产业链和价值链的分工,吸引了大量的外资企业和跨国公司在此设立分支机构或总部,形成了高度国际化的经济体系。这种国际化程度既为深圳带来了先进的技术和管理经验,也推动了深圳在全球经济中的地位不断提升。

(2)开放型的政策环境。深圳市政府一直致力于打造开放型的政策环境,为企业和投资者提供便利和优惠。深圳在贸易、投资、金融等领域实行了一系列开放政策,如建设前海深港现代服务业合作区、深圳自由贸易试验区、外商投资负面清单管理等,为企业提供了更加灵活和自由的发展空间。此外,深圳还积极参与国际经贸合作和谈判,推动建立更加开放和包容的国际经济体系。

(3)多元化的国际交流合作。深圳与全球多个国家和地区建立了广泛的国际交流合作机制。通过举办国际性的会议、展览、论坛等活动,深圳积极吸引全球顶尖的科学家、企业家、投资者等前来交流和合作。同时,深圳还鼓励企业"走出去",参与全球市场竞争,推动国际产能合作和贸易往来。这种多元化的国际交流合作既为深圳带来了更多的合作机会和资源,也促进了深圳在全球经济中的影响力和地位不断提升。

6)风险投资活跃和资本市场发达

(1)风险投资聚集。深圳被誉为中国的"硅谷",拥有众多风险投资机构和私募股权基金,这些机构专注于投资早期和成长阶段的创新型企业,特别是在科技属性浓厚的未来产业领域。深圳的风险投资不仅数量多,而且活跃度高,愿意承担较高风险以换取高回报,为初创企业提供急需的资金支持。

（2）政府引导与政策支持。深圳市政府高度重视风险投资的作用，出台了一系列政策鼓励和支持风险投资的发展，如提供税收优惠、资金匹配、创业投资引导基金等，这些措施有效促进了风险投资行业的繁荣。同时，深圳市政府还设立了专门的基金来支持特定行业或项目，为风险投资提供了方向指引。

（3）多层次资本市场。深圳拥有包括深圳证券交易所（深交所）在内的发达资本市场体系，尤其是创业板和科创板的设立，为高新技术企业和创新型企业提供了直接融资的渠道。这些板块的低门槛上市条件和对创新的偏好，吸引了大量未来产业的企业前来上市，进一步丰富了深圳的资本市场生态。

6.4.2 深圳发展未来产业的痛点难点

1）长期资本不足

（1）风险规避倾向。由于未来产业往往涉及新技术、新模式的探索，其商业前景和盈利模式具有较大的不确定性，这导致风险厌恶型投资者更倾向于投资那些已有稳定回报的成熟产业。因此，未来产业在吸引初期资本时可能会遭遇困难，特别是那些需要长时间研发和市场验证的项目。对于未来产业中的创新企业而言，技术研发、市场推广、团队建设等都需要大量的资金支持，而长周期的投资意味着企业需要更持久的财务支撑。在资本不愿长期持有的情况下，企业可能面临资金链断裂的风险，影响研发进度和市场拓展。

（2）估值难和退出难。未来产业项目的评估较为复杂，特别是在尚未形成明确的市场或盈利模式之前，准确评估其价值和潜在回报极具挑战性。这可能导致投资者难以确定合理的投资额度和股权比例，进一步抑制了资本的流入。对于投资未来产业的资本而言，缺乏明确且顺畅的退出路径也是影响其投资意愿的一个重要因素。如果缺乏有效的 IPO、并购或股权转让等退出机制，资本很难在预期内实现回报，会降低其投资意愿。

（3）政策有效落地不易。虽然深圳市政府在推动创新和科技发展方面出台了多项政策，但在实际操作层面，如何将政策优惠、财政补贴、税收减免等措施有效传导至那些不确定性高、回报周期长的未来产业项目,仍是一个难题。市场机制与政策导向的不完全匹配,可能限制了资本的有效利用。

2)创新生态链尚需完善

一个完整的创新生态链包括基础研究、应用基础研究、开发试验研究、产业化和市场化等多个环节。然而,深圳在创新生态链的某些环节上还存在明显的不足。例如,与北京、上海等国内外顶尖创新中心相比,深圳在基础研究方面的投入相对较少,高水平的科研机构和人才不够,这使得深圳在原创性技术和知识产权方面的积累相对较少。与国际顶尖创新中心相比,深圳在原创性科研成果、核心技术突破等方面仍有提升空间。此外,深圳在创新成果的产业化、市场化方面也存在一定的困难,缺乏有效的创新成果转化机制、利益分配机制和市场推广渠道。这种创新生态链不完整的情况,使得深圳的创新成果难以转化为现实生产力,制约了其未来产业的发展。

3)国际环境不确定性高

(1)市场准入和出口风险。全球贸易冲突可能导致关税壁垒和非关税壁垒的增加,影响深圳未来产业产品的国际市场准入,增加出口成本,降低产品竞争力。对于依赖海外市场的企业来说,这种不确定性增加了经营风险,影响其长远规划和投资决策。

(2)供应链稳定性受挫。深圳作为全球制造业和高科技产业的重要基地,其供应链遍布全球。国际环境的不确定性及贸易冲突可能导致供应链中断、原材料价格上涨、物流成本增加等问题,影响生产效率和成本控制,阻碍未来产业的持续创新和发展。

(3)技术封锁与合作受限。在特定的国际环境下,技术领域的竞争加剧,深圳企业可能面临技术封锁、出口管制、知识产权争端等措施,限制了关键技术的获取和国际合作机会。这对于依赖全球技术交流和合作的未来产业,是较大的挑战。

6.5 深圳未来产业展望与发展建议

当前全球科技创新空前密集活跃,未来产业具有高技术性、高成长性、高渗透性、高价值性,前瞻谋划发展未来产业不仅是各国战略部署的主战场和新高地,更是我国实现高质量发展的战略性选择。一方面,未来产业往往由颠覆性技术主导,其技术路线图将打破现有技术产业发展的"延长线"思维定式,开辟新的产业空间和赛道,可使我国摆脱对国外的技术路径依赖,实现"换道超车",以及彻底打破产业的"低端锁定",甚至有望重构全球产业格局;另一方面,未来产业具备高技术性、高附加值、高回报率,由创新驱动发展并位于全球价值链的高端环节,能够产生巨大的经济社会效益,把握未来产业的发展主动权,是我国构建未来持续竞争优势,从"跟跑者"向"领跑者"转变的关键。

6.5.1 机遇与挑战

在当今世界,基于全人类的共同智慧和不懈探索,以全局性、战略性、创新性、先导性等为显著特征的一批未来产业初现雏形,产业发展新领域、新赛道、新制高点逐渐明晰。我国经过长期努力,在高水平创新人才培育、重大科技基础设施建设、公平竞争市场环境塑造、开放创新生态营造等方面有了很好的积累,同时还具备制度、市场规模等独特的比较优势,已成为引领全球未来产业发展的少数国家之一。但仍需清醒地认识到,围绕未来产业的国际竞争十分激烈,当前并列甚至先发并不意味着能实现长期领先并最终脱颖而出。要把局部先发优势升级为长期综合优势,需要持续完善科技创新体系,推动形成更加开放、鼓励自由探索、包容失败的创新氛围和文化,为高水平创新提供全方位土壤;加快建设现代化产业体系,强化现有产业升级与未来产业培育之间的有机联系,实现两者之间的高水平相互促进;推动竞争政策和产业政策协同一致,密切跟踪研究产业、经济变革对社会的影响,确保实现经济社会发展全局和长期效益最大化。

6.5.2 发展建议

随着新一轮科技革命和产业变革的深入发展,世界主要发达国家加大了对未来产业的部署,我国也着力谋划布局未来产业,在空天科技、自主智能、未来网络、未来轨道交通、航天高端装备等 10 个领域开展了未来产业科技园建设试点工作。未来产业作为旨在领跑世界的新赛道,其发展对创新的需求更加强烈,需要以创新思维系统推进未来产业高质量发展,在新赛道种下创新的"种子"。

1) 需要加强前瞻谋划

自美国 2019 年发布《美国将主导未来产业》之后,主要发达经济体相继提出了各自的未来产业前瞻规划,我国"十四五"规划中也提出要前瞻谋划未来产业。谋篇布局未来产业是面向未来、占据全球竞争新赛道和制高点的战略性举措,在此过程中应做好三个把握。一是把握好近期与远景未来产业的关系。近期未来产业是基于当前技术发展方向能够预期的新产业方向,而远景未来产业则是仍处于萌芽或者概念性状态,但很有可能产生颠覆性影响的产业方向。把握近期与远景未来产业的关系,重点是紧抓近期未来产业重大机遇,同时高度重视、持续关注诸如终极能源解决方案这样的远景未来产业方向。二是把握好未来产业与现有产业的关系。现有产业发展路径与方向为谋篇布局未来产业提供了重要的参考借鉴,但也要谨防技术惯性所形成的路径依赖,关键是把握技术前沿趋势,聚焦具有颠覆性突破的产业方向。三是把握好未来产业与现实基础的关系。未来产业领域宽广,应结合产业与技术的现实基础,围绕优势领域优先谋篇布局,避免全面发力导致的效果泛化。

未来产业是一国科技与产业基础实力的综合体现,谋篇布局未来产业尤其应做好三个方面的基础工作:一是高度重视理论研究,特别是要在那些长期未决但极有可能产生颠覆性突破的重大问题上展开持续攻关;二是围绕未来产业布局方向,强化各层次、各类型专业人才培养;三是要做好风险评估与技术路线失败时的处理预案,尽可能降低未来技术演进不确定性带来的风险冲击。

2) 需要建设未来产业科技创新体系

针对当前我国面临的原始创新不足、顶尖人才供给匮乏、产业基础支撑不力、融资体系尚不完善、政策机制仍不协调等短板弱项,推动未来产业发展,亟须着力建设未来产业科技创新体系。

一是强化科技创新对未来产业发展的支撑作用,加强自主创新能力建设,加大对基础研究尤其是应用基础研究的投入力度,提高科学研究成果的供给质量,为未来产业发展提供原动力。

二是引导地方政府将科技投入向创新链前端转移,增强地方政府科技投入的研发导向功能,在充分发挥地方政府积极性的同时,遵循产业发展规律,防止"运动式"培育。

三是强化企业尤其是科技领军企业在未来产业发展中的主体地位,引导创新要素向企业聚集,推进多元主体协同创新,着力探索商业模式创新。

四是当前未来产业发展整体上处于孕育试点阶段,需要在科研管理、评价体系、人才培养、场景应用、宽容失败等多个方面深化体制机制改革创新,为未来产业高质量发展塑造良好的创新生态。

3）需要做好政策引导支持

一是从强调产业政策到重视竞争政策。未来产业发展的高度不确定性决定了政府难以有效地引导生产要素的倾斜性配置,需要强化竞争政策的基础地位,营造良好的营商环境和市场竞争环境,让未来产业的巨大收益吸引勇于承担风险的企业进行投资和开展探索。

二是从选择性支持到发展方向引导。未来产业从全球范围来看都属于"无人区",没有其他国家的发展路径可供借鉴,政府不具有技术、市场的信息优势,产业政策的重点应转向对重大技术和产业发展方向的引导,通过发布前沿科技的方向和产业化目标,引导全社会的投入。

三是从重视供给侧推动到加强需求侧拉动。未来产业处于产业生命周期的萌芽期、起步期,其发展方向的确定需要技术与市场需求的匹配。而新技术形成的新产品,由于在性能、价格等方面的劣势,市场需求非常有限,很难支撑企业的持续发展,因此,需要政府在创造早期应用市场方面给予更大的支持。

四是从依托特定企业到鼓励多元试错。新技术、新产品的商业化过程中有无数条技术路线、商业模式、应用场景进行竞争,在其中进行探索的市场主体数量越多,越容易找到"事后"被证明有市场需求和商业回报的技术路线和应用场景,因此,需要创造支持和鼓励大量企业进行创新创业的市场环境,形成多元化试错机制。

在全球新一轮科技革命与产业变革深入发展的背景下,推动战略性新兴产业集群发展,构建新的增长引擎,提升产业链供应链韧性和安全水平,是加快构建新发展格局的重要任务。党的二十大报告提出,开辟发展新领域新赛道,不断塑造发展新动能新优势。"新赛道"既是一个新的政策概念,也是一个新的学术概念。准确理解"新赛道"的学理含义与政策启示,对我国用好科技第一生产力、加快实施创新驱动发展具有重要意义。

深圳市委、市政府从 2021 年就开始谋划"20+8"政策,在 2022 年陆续推出,各个产业集群都有行动计划。在"20+8"政策中,科技创新局主抓 8 个未来产业,20 个产业集群由市发展改革委、工信局等部门负责牵头。深圳发展未来产业,其实就是为深圳"谋未来"。从建市以来,深圳就有很多产业在国内走在前列,有的甚至是在国际上也走在前列。深圳市领导指出,深圳"20+8"政策中提出的 8 个未来产业,可能过了 5 年、10 年、15 年,就会变为深圳市的重要产业。虽然目前未来产业更多地体现在技术层面,很难确定它在未来 3 年、5 年、10 年、20 年就会变成一个产业,发布的政策里面的时间点仅仅是一种预测,若其中某项技术出现突破,就会改变这个发展的节奏。发展产业的关键是在企业,政府只是起个头,后面的发展还是要靠以企业为主体的创新主体。在推进过程中,需调动行业协会与政府联动,共同推动"20+8"产业集群的发展。

附　　　录

附表1　新产业新业态新商业模式统计分类表(2018,先进制造业部分)

大类	中类	小类	名　　称
02			**先进制造业**
	0201		**新一代信息技术设备制造**
		020101	网络设备制造
		020102	新型计算机及信息终端设备制造
		020103	信息安全设备制造
		020104	信息电子元器件及设备制造
		020105	电子专用设备仪器制造
		020106	高储能和关键电子材料制造
		020107	集成电路及专用设备制造
		020108	智能消费相关设备制造
		020109	数字创意技术设备制造
	0202		**高端装备制造**
		020201	航空器装备制造
		020202	其他航空装备制造
		020203	卫星装备制造
		020204	卫星应用技术设备制造

大类	中类	小类	名　　称
		020205	其他航天器及运载火箭制造
		020206	铁路高端装备制造
		020207	城市轨道装备制造
		020208	其他轨道交通装备制造
		020209	海洋工程装备制造
		020210	深海石油钻探设备制造
		020211	其他海洋相关设备与产品制造
		020212	海洋环境监测与探测装备制造
		020213	机器人与增材设备制造
		020214	重大成套设备制造
		020215	智能测控装备制造
		020216	其他智能设备制造
		020217	智能关键基础零部件制造
	0203		先进钢铁材料制造
		020301	设备工程用先进钢材制造
		020302	高品质不锈钢及耐蚀合金制造
		020303	先进钢铁材料制品制造
	0204		先进有色金属材料制造
		020401	铝及铝合金制造
		020402	铜及铜合金制造
		020403	钛及钛合金制造
		020404	镁及镁合金制造

大类	中类	小类	名　　称
		020405	稀有金属材料制造
		020406	贵金属材料制造
		020407	稀土金属材料制造
		020408	硬质合金及制品制造
		020409	其他有色金属材料制造
	0205		先进石化化工新材料制造
		020501	高性能塑料及树脂制造
		020502	聚氨酯材料及原料制造
		020503	氟硅合成材料制造
		020504	高性能橡胶及弹性体制造
		020505	高性能膜材料制造
		020506	专用化学品及材料制造
		020507	新型功能涂层材料制造
		020508	生物基合成材料、高分子材料及功能化合物制造
		020509	其他化工新材料制造
	0206		先进无机非金属材料制造
		020601	特种玻璃制造
		020602	特种陶瓷制造
		020603	人工晶体制造
		020604	新型建筑材料制造
		020605	矿物功能材料制造
	0207		高性能纤维及制品和复合材料制造

大类	中类	小类	名　　　称
		020701	高性能纤维及制品制造
		020702	高性能纤维复合材料制造
		020703	其他高性能复合材料制造
	0208		前沿新材料制造
		020501	3D打印用材料制造
		020502	超导材料制造
		020503	智能、仿生与超材料制造
		020504	石墨烯材料制造
		020505	纳米材料制造
		020506	生物医用材料制造
		020507	液态金属制造
	0209		生物产品制造
		020901	生物药品制品制造
		020902	化学药品与原料药制造
		020903	现代中药与民族药制造
		020904	生物医药关键装备与原辅料制造
		020905	生物农药制造
		020906	生物肥料制造
		020907	生物饲料制造
		020908	生物兽药、兽用生物制品及疫苗制造
		020909	生物基材料制造
		020910	生物化工制品制造
		020911	生物酶等发酵制品制造

续　表

大类	中类	小类	名　　称
		020912	海洋生物制品制造
	0210		生物质燃料制造
		021001	生物乙醇制造
		021002	生物航空煤油制造
		021003	生物柴油制造
		021004	生物质致密成型燃料制造
	0211		生物制造相关设备制造
		021101	先进医疗设备及器械制造
		021102	植介入生物医用材料及设备制造
		021103	其他生物医用材料及用品制造
		021104	生物相关原料供应设备制造
		021105	其他生物工程相关设备制造
	0212		新能源汽车及相关设备制造
		021201	新能源汽车整车制造
		021202	电机、发动机制造
		021203	新能源汽车储能装置制造
		021204	新能源汽车零部件配件制造
		021205	供能装置制造
		021206	试验装置制造
		021207	电控系统制造
		021208	智能网联传感器及决策控制器制造
		021209	其他相关设施制造
	0213		新能源设备制造

大类	中类	小类	名　　称
		021301	核燃料加工设备制造
		021302	核能装备制造
		021303	太阳能材料、设备和生产装备制造
		021304	生物质能及其他新能源设备制造
		021305	智能电力控制设备及电缆制造
		021306	电力电子基础元器件制造
		021307	风能发电机装备及零部件制造
		021308	风能发电其他相关装备及材料制造
	0214		节能环保设备和产品制造
		021401	高效节能通用设备制造
		021402	高效节能专用设备制造
		021403	高效节能电气机械器材制造
		021404	高效节能工业控制装置制造
		021405	绿色节能建筑材料制造
		021406	环境保护专用设备制造
		021407	环境保护监测仪器及电子设备制造
		021408	环境污染处理药剂材料制造
		021409	矿产资源与工业废弃资源利用设备制造
		021410	高效节水灌溉设备制造
		021411	高效工业节水设备制造
		021412	高效节水产品制造
		021413	海水淡化和环境保护专用设备制造

资料来源：《新产业新业态新商业模式统计分类（2018）》。

附表 2　现代服务业统计分类表（2023，现代服务业统计分类）

大类	中类	小类	名　　称
01			**信息传输、软件和信息技术服务业**
	011		电信、广播电视和卫星传输服务
		0111	电信
		0112	广播电视传输服务
		0113	卫星传输服务
	012		互联网及相关服务
		0121	互联网接入及相关服务
		0122	互联网信息服务
		0123	互联网平台
		0124	互联网安全服务
		0125	互联网数据服务
		0126	其他互联网服务
	013		软件开发
		0131	基础软件开发
		0132	支撑软件开发
		0133	应用软件开发
		0134	其他软件开发
	014		信息技术服务
		0141	集成电路设计
		0142	信息系统集成和物联网技术服务
		0143	运行维护服务
		0144	信息处理和存储支持服务

大类	中类	小类	名　　　称
		0145	信息技术咨询服务
		0146	数字内容服务
		0147	其他信息技术服务业
02			**科学研究和技术服务业**
	021		研发和试验发展
		0211	自然科学研究和试验发展
		0212	工程和技术研究和试验发展
		0213	农业科学研究和试验发展
		0214	医学研究和试验发展
		0215	社会人文科学研究
	022		专业技术服务业
		0221	气象服务
		0222	地震服务
		0223	海洋服务
		0224	测绘地理信息服务
		0225	质检技术服务
		0226	环境与生态监测检测服务
		0227	地质勘查
		0228	工程技术与设计服务
		0229	工业与专业设计及其他专业技术服务
	023		科技推广和应用服务业
		0231	技术推广服务
		0232	知识产权服务

大类	中类	小类	名　　称
		0233	科技中介服务
		0234	创业空间服务
		0235	其他科技推广服务业
03			**金融业**
	031		货币金融服务
		0311	中央货币服务
		0312	货币银行服务
		0313	非货币银行服务
		0314	银行理财服务
		0315	银行监管服务
	032		资本市场服务
		0321	证券市场服务
		0322	公开募集证券投资基金
		0323	非公开募集证券投资基金
		0324	期货市场服务
		0325	证券期货监管服务
		0326	资本投资服务
		0327	其他资本市场服务
	033		保险业
		0331	人身保险
		0332	财产保险
		0333	再保险
		0334	商业养老金

大类	中类	小类	名　　称
		0335	保险中介服务
		0336	保险资产管理
		0337	保险监管服务
		0338	其他保险活动
	034		其他金融业
		0341	金融信托与管理服务
		0342	控股公司服务
		0343	非金融机构支付服务
		0344	金融信息服务
		0345	金融资产管理公司
		0346	其他未列明金融业
04			**现代物流服务业**
	041		现代铁路运输综合服务
		0411	现代铁路货物运输
		0412	现代铁路货物运输辅助活动
	042		现代道路运输综合服务
		0421	现代道路货物运输
		0422	现代道路货物运输辅助活动
	043		现代水上运输综合服务
		0431	现代水上货物运输
		0432	现代水上货物运输辅助活动
	044		现代航空运输综合服务
		0441	航空货物运输

大类	中类	小类	名　　称
		0442	通用航空生产服务
		0443	航空货物运输辅助活动
	045		现代管道运输综合服务
		0451	现代海底管道运输
		0452	现代陆地管道运输
	046		现代多式联运和运输代理服务
		0461	现代多式联运
		0462	现代运输代理服务
	047		现代装卸搬运和仓储服务
		0471	现代装卸搬运
		0472	现代仓储服务
	048		现代邮政服务
		0481	现代邮政基本服务
		0482	现代快递服务
		0483	其他现代邮政服务
	049		其他现代物流服务业
		0491	供应链管理服务
		0492	数字化包装服务
05			**现代商贸服务业**
	051		互联网批发零售
		0511	互联网批发
		0512	互联网零售
	052		专业化管理服务

续　表

大类	中类	小类	名　称
		0521	专业化组织管理服务
		0522	专业化综合管理服务
	053		法律服务
	054		咨询与调查
	055		专业化人力资源和培训服务
		0551	专业人才服务
		0552	创业指导服务
		0553	高级技能培训
	056		信用与非融资担保服务
	057		其他现代商贸服务业
06			**现代生活服务业**
	061		健康服务
		0611	医疗健康服务
		0612	健康体检服务
		0613	健康护理服务
		0614	精神康复服务
		0615	其他健康服务
	062		现代养老服务
	063		现代育幼服务
	064		文化娱乐服务
		0641	数字创意文化会展服务
		0642	数字内容出版和数字广告
		0643	广播、电视、电影和录音制作

续 表

大类	中类	小类	名　　　　称
		0644	文体艺术服务
		0645	文化娱乐活动
		0646	电子娱乐活动
	065		旅游服务
		0651	旅行社及相关服务
		0652	旅游交通服务
		0653	旅游住宿服务
		0654	旅游景区服务
		0655	数字化旅游会展服务
		0656	休闲观光活动
	066		体育服务
		0661	体育组织和表演服务
		0662	体育健康服务
		0663	体育中介代理服务和经纪人
		0664	体育场馆服务
		0665	体育航空运动服务
		0666	数字体育会展服务
		0667	健身休闲活动
	067		现代居民生活服务
		0671	现代家政服务
		0672	外卖闪送服务
		0673	居住服务
		0674	居民出行服务

大类	中类	小类	名　　　　称
07			**现代公共服务业**
	071		生态保护和环境治理
		0711	水环境管理
		0712	生态保护服务
		0713	环境治理服务
		0714	土地整治服务
	072		公共设施服务
		0721	市政设施管理
		0722	环境卫生管理
		0723	城乡市容管理
		0724	绿化管理
		0725	城市公园管理
	073		教育培训
		0731	普通高等教育
		0732	成人高等教育
08			**融合发展服务业**
	081		现代农业专业辅助性服务
	082		先进制造业设备维修服务